ムー・スーパーミステリー・ブックス

ゴグとマゴグ

русский
апокалипсис

ロシアの黙示録大預言

聖書に記された
「赤い龍」が
第三ローマ帝国となって
世界を滅ぼす?

久保有政

ONE PUBLISHING

まえがき

2022年2月、ロシアがウクライナへの侵攻を開始し、世界に衝撃が走った。このロシアの暴挙は、「世の終末」が間近になった時代の一要素として起きたものである。

「時代の先を見通す歴史家」とも称されるフランスの高名な学者エマニュエル・トッドは、ロシアのウクライナ侵略を見て、「第3次世界大戦はもう始まっている」と述べている。

ロシアの暴挙は、第3次世界大戦の始まりを告げるものだという。実際、ウクライナでの戦争は、単にそれで終わるものにはならないだろう。やがて世界を巻きこむ大戦争や、混乱の時代、試練の時代につながっていく可能性が非常に高い。

それだけでなく、この戦争は「世の終末」が間近に迫ったことを如実に示すものでもある。ただし、これは『聖書』がいう「世の終末」であり、決して全人類滅亡のことではない。人類は存続することだろう。しかし「世の終末」とは、現在の世の体制が終わりを告げ、新しい体制に生まれ変わる「境目」を意味している。

それは「古い世と新しい世の境界」のことである。ロシアのウクライナ侵略は、まさにその境目＝人類大変革の時が近づいたことを如実に示す出来事なのだ。

どうしてそういえるのか、また、この「世の終末」とはいったいどのようなものので、どのようなことが起こるのか。

それについて、詳しいことを本書で明らかにしていきたいと思っている。

2023年7月3日　　久保有政

目次

第1章
ロシアのウクライナ侵攻を受けて …11

第2章
終末の時代は始まった
…63

第3章
キリストの再臨

第4章 世の終わりに生き残る人々

ブックデザイン
辻中浩一＋村松亨修（ウフ）
ＤＴＰ制作
株式会社　明昌堂
編集制作
中村友紀夫

表紙図版
「聖なる都を攻撃するゴグとマゴグ」（17世紀のロシアの写本より）
The Beast with Seven Heads and Ten Horns,
from the Apocalypse
Jean Duvet

第1章

ロシアのウクライナ侵攻を受けて

ロシアの暴挙

2022年2月、ロシアによるウクライナ侵攻が始まり、世界中が騒然となった。

このウクライナ侵攻は、そもそもなぜ起きたのか。ウクライナはかつて、共産主義のソビエト連邦（現ロシア）の一員だった。好きこのんで入ったのではない。取りこまれてしまったのだ。しかしソ連が崩壊し、ソ連のくびきから解放されたあと、ウクライナ人は二度とロシアに取りこまれたくないと思った。

ウクライナ人はヨーロッパ側につきたいと願った。彼らはEUに加盟したいと願い、NATO（ロシアの侵略からヨーロッパを守るための軍事同盟）にも加盟したいと願った。しかし、とくにNATOへの参加希望は、ロシアを怒らせた。ロシアは、すぐ隣にNATOの国が誕生することを特に嫌がるからだ。ロシアとしてはウクライナに、ロシアのいいなりになる傀儡《かいらい》政権があって欲しい。

だからウクライナを、力づくでねじ伏せようとした。欧米は何度も、ロシアがウクライナに侵攻しないよう説得を重ねた。だが、その外交努力もむなしく、ロシアはついにウクライナ侵略を始めてしまった。しかし、ウクライナがいったいどんな悪いことをしたというのか。

そのときロシアがいったのは、でたらめの口実だった。ウクライナはネオナチ（ナチズムを復興させようとする人々）だという。しかしウクライナのゼレンスキー大統領は、ナチスに迫害された側のユダヤ教徒である。ネオナチであるわけがない。

第2次世界大戦のときは、ナチスはロシア人にとって最大の敵だった。だから「ネオナチがウクライナを支配している」と説けば、ロシア人は戦争についてくると思ったのだろう。しかしウクライナがネオナチというのは、こじつけにすぎない。

戦後、ウクライナの一部にネオナチがいたのは事実である。しかしそれが現在のウクライナを支配しているわけではない。プーチン大統領は、「これはかつてのナチスとの戦いのようなものだ」と国民に信じてもらいたいのである。

だが、かつてソ連はナチス・ドイツに侵略されたが、ウクライナはロシアを侵略していない。ロシアはほかにも理由や口実を述べてはいる。だが、ウクライナへ侵攻した根本理由は何かといえば、結局のところ、ロシアが昔から持っている領土拡張主義、さらにプーチン大統領自身が信奉する「ネオ・ユーラシア主義」である。

ネオ・ユーラシア主義とは、1990年代以降ロシア社会で影響力を増している考え方で、「ロシアにとって価値がない」と見なした国家は滅ぼすか従わせるべき、という理論だ。ロシアがウクライナに侵略したのも、この主義の一環である。

これは昔からロシアが抱いてきた領土拡張主義の新たな展開といっていい。昔モスクワ地方を領土とするにすぎなかったこの国は、やがて世界一の面積を持つ広大な国になった。それは領土拡張主義のゆえだった。それが今、ネオ・ユーラシア主義として展開している。

ロシア大統領府のあるクレムリンには、ロシア帝国の領土を拡張させたピョートル大帝や、エカテリーナ2世の肖像画などが飾られている。米国のロシア政策専門家アンジェラ・ステント博士によれば、ロシアのプーチン大統領は自分がこのロシア皇帝の後継者だと信じているという。

実際、プーチンはロシアの領土を世界一にしたピョートル大帝や、エカテリーナ2世などに深い憧れを抱いている。彼はロシアを、過去にもまさる大国にしたいという野望を抱いているのだ。

プーチンは、かつてソビエト連邦時代に、KGB（情報機関・秘密警察）のスパイだった。彼は東ドイツにいたときにソ連崩壊の報に接し、巨大な屈辱を味わった。そののち生活のために、タクシーの運転手をしていたこともある。しかし今や大統領にまで上りつめたプーチンは、ロシアを再び旧ソ連のような大国、また周辺諸国を従える超大国＝「大ロシア」にすべく活動している。

ロシアの領土拡張主義は、昔も今も変わらない。かつて日本も、このロシアの領土拡張主義のゆえに、ロシアと戦わなければならなかった歴史がある。20世紀初頭に起きた日露戦争である。

満州や朝鮮半島に強引に進出し、さらには日本も視野に入れてくるようなロシアに対し、日本はやむを得ず戦争をしなければならなかったのだ。そのような意味で、かつての日露戦争と今回のロシアによるウクライナ戦争には、似たところがあるといってもよい。

ロシアがウクライナ侵略を始めたとき、世界はウクライナに同情し、欧米各国をはじめ日本も、ロシアに対する制裁を次々に打ちだした。

「背の低い元コメディアン」と当初は揶揄《やゆ》されることも多かったウクライナのゼレンスキー大統領

は、驚くほどの指導力を発揮した。国外退避を持ちかけられながら、その申し出を蹴って国にとどまり、勇敢にも皆の先頭に立ってロシア軍から国を守ろうとした。

イギリスのジョンソン元首相は、ゼレンスキー大統領と電話会談したとき、「何と勇敢な男なのだ！」と述べている。またアメリカ軍の元高官は、ゼレンスキー大統領を「かつてのチャーチルに匹敵する指導力を発揮した」と評している。

ウクライナの首都キーウ（キエフはロシア語表記）は即日陥落するだろうといわれていたのに、持ちこたえて、ロシア軍を圧倒していった。このゼレンスキー大統領の姿を見て、ウクライナ国民も立ち上がり、世界中の人々が彼とウクライナを応援するようになった。

ウクライナ東部の親ロシア派

プーチンのロシア軍がウクライナに侵攻するうえで、その口実のひとつとされたのが、ウクライナ東部＝ドンバス地方（ドネツク州とルハンシク州の通称）における親ロシア派の人々の存在である。ドンバス地方はロシアに接する地域であるため、昔からロシア人も多く住んでいた。

彼らロシア人は、ウクライナに住みながらも、多くは親ロシアの人々だった。しかし、そこに住むロシア人もウクライナ人も、たいていは仲良く暮らしていた。そこに住んだことのある日本人も、そう証言している。ウクライナ人がロシア人を虐《しいた》げる光景など、見たことも聞いたこともないと。

ところが2014年に、ロシアは、ウクライナ南部のクリミア半島を一方的に併合し、乗っ取ってしまった。クリミア半島には冬でも凍らない港があるから、それが欲しかったのである。このときウクライナは、圧倒的なロシアの戦力に圧倒され、ただ指をくわえて見ているほかなかった。だからクリミア半島はあっさりと、ロシアに取られてしまった。

クリミア半島がロシアに編入されると、その北隣に接するドンバス地方の親ロシア派は、「私たちもロシアにつきたい」と、ウクライナからの分離独立を主張しはじめた。以来、ウクライナ政府との間に武力衝突が起きていた。

親ロシア派のバックにはロシアがいたため、戦闘は激化した。そもそもドンバス地方の戦闘は、その地方を取るためにロシアが仕掛けたもの、とも見られている。そして今回プーチン大統領は、

「（ドンバス地方で）虐げられてきたロシア人を救うために、ウクライナに侵攻する」

という口実を掲げたのである。これが、ウクライナ戦争を始めるにあたっての主たる口実だ。

これを見て、元はといえばウクライナ東部にロシア人が多く住んでしまったことが、災いのタネになったという見方もある。自国内に外国人が住むのはいいとしても、問題はその人数や、その在留外国人がどのような思想を持っているかだ。

一方、東アジアに目を向けてみると、中国は今、台湾に侵攻しようと計画を練っている。なぜ台湾かといえば、昔、毛沢東《もうたくとう》の敵だった蒋介石《しょうかいせき》の軍隊が多くの中国人を連れ、台湾に避難していったからだという。台湾には彼ら中国人が多く住んでいるから、台湾は中国のものだという主張だ。も

しこの先、中国が台湾に侵攻するならば、中国はその口実として、「彼ら虐げられてきた中国人同胞を救うために台湾に侵攻し、台湾を中国に統一する」というだろう。しかし、歴史を見れば台湾は、漢民族の中国の領土だったことは一度もない。昔、一時、満州族の清国の領土だったことはある。だが、そののち正式に日本の領土となった。戦後、日本は台湾から去り、そののち蒋介石と大陸の中国人たちが大挙台湾に避難してきた。けれども、それで中国の領土になったわけではない。

このようにウクライナではそこにいるロシア人の存在が、台湾では昔そこに避難してきた中国人が、侵攻の口実になっている。自国の領内に他国人が多く住むと、問題が起きやすいのだろうか。

だが、たとえ自国の領内に他国人が多く住んでも、問題にならないところではまったくならない。たとえば昔、多くの日本人がブラジルに移住していった。もしわれわれが「ブラジルには日本人が多く住んでいるのだから、ブラジルは日本の領土だ」といったなら、怒られるだろう。

ところが、ロシアも中国もそのような間違った論理を展開し、「ウクライナはロシアのものだ」、あるいは「台湾は中国のものだ」と主張しているのである。

プーチンの専制政治

ロシアのプーチン大統領は、ほかにもどのような思惑で、この戦争を始めたのだろうか。

プーチン大統領は、その長期政権のなかで独裁色を強めた人である。これまでもプーチンを批判するロシア人政治家は、数多く現れている。だが次々に暗殺されたり、不審死を遂げた。これは、KGBの元スパイだったプーチン大統領の指令のもとに行われた粛清《しゅくせい》であると見られている。

プーチン政権下では、反対者は次々に消されてきた。今回のウクライナ侵略においても、それを批判するロシア人は、次々に殺されたり、投獄されたりしている。海外でプーチン批判をしていたオリガルヒ（財閥）の富豪も、次々に不審死を遂げたことが報道された。

ウクライナ侵攻当初、ロシア国内では反プーチンの反戦デモが広がった。だがその後、国に逆らう言動や行動を取り締まる法律が作られると、その声は封じられてしまった。そしてロシア国民は皆、政府のプロパガンダのもとに置かれるようになった。

ロシア国営放送は「ウクライナはネオナチだ」「核兵器を開発しようとしている」「ロシア系住民を迫害している」等、嘘《うそ》ばかりを並べて毎日放送しつづけた。これはロシアの過去の戦争でも、よくあった光景である。それはまた、KGBのスパイだったプーチンが若いときからいつもしていたことだった。

ロシア兵が、ウクライナに入ってから母国ロシアの家族と携帯電話で話をした内容が、数多く傍受されている。その会話は驚くべきものだ。若いロシア兵が母親に、

「ウクライナの人たちはネオナチなんかじゃないよ。みんな普通の人たちばかりだ。こういう人たちを殺したくない」

というと、母親が、

「なんてことをいうの！　あなたは（ロシアの）テレビを見ていないの？　ウクライナは悪人ばかりよ！」

といった会話ばかりが聞こえてくるのだ。戦争があれば、どこの国でも情報統制は普通のことかもしれないが、ロシア国内では単なる情報統制ではなく、でたらめが毎日放送されているのである。

ロシアは昔から、「ロシアとの約束は必ず破られる」「嘘つき」といわれてきた国である。そして今回も同じことをしている。侵略しないと世界に公言していたのにウクライナを侵略し、ウクライナ市民を殺さないといいながら多数殺した。ウクライナのブチャでは、武器を持たない一般市民400人以上が虐殺され、その遺体がちまたにころがっていた。

さらにロシアは、ウクライナのゼレンスキー大統領に扮した偽動画を作り、彼の声に似せたAI音声で「ウクライナ人は武器を捨てて降伏しなさい」と語らせたりして、世界に拡散した。

ロシア軍は、かつてのナチスよりもひどい戦争犯罪を積みあげたとまでいわれている。「ロシア軍は民間人を殺さない」といいながら、実際には意図的に市街地を破壊し、多くのウクライナ市民を殺害したからだ。「市民も子供もかまわず殺せ」というロシア軍の無線連絡も傍受されている。

残虐行為はしないといいながら、猟奇的ともいえる残虐な戦争犯罪を数多く行った。後ろ手に縛られて殺害された民間人、後ろから撃たれた民間人、また若い女性は見つかればレイプされたうえに殺された。

先日も「ロシア軍は多数の戦争犯罪を行った」と告白するロシア軍人が現れ、CNN等で報道された。ロシア軍によるウクライナ各地での虐殺は、いずれ国際的に裁かれなければならないだろう。ベストセラー『サピエンス全史』の著者、ユダヤ人のユヴァル・ノア・ハラリ氏は、ロシアのウクライナ戦争を見て、

「この戦争は、人類の危機になりかねない。…人間の愚かさは、歴史を動かすきわめて重要な要因であり……合理的な指導者でさえ、はなはだ愚かなことを頻繁にしてしまう」

と書いている。

「ロシアは悪くない論」？

プーチン大統領はウクライナ侵攻開始から3か月後の2022年5月9日の演説で、NATO加盟国「(ウクライナで) 軍事インフラが配備され、何百人もの外国人顧問が動きはじめ、NATO加盟国から最新鋭の兵器が定期的に届けられる様子を、われわれは目の当たりにしていた。危険は日増しに高まっていた。ロシアが行ったのは、侵略に備えた先制的な対応だ」

と主張した。つまり、ロシアが行ったのは「ウクライナによるロシア侵略」に備えた「先制攻撃」だったという主張である。攻撃を始めたのはロシアだが、悪いのは欧米諸国やNATOだ、

という論だ。

これに限らずプーチンは、戦争の主因は欧米諸国側にある、と繰り返し述べてきた。その主張は単にロシアだけでなく西側諸国でも宣伝され、日本でもそれを真に受けて「ロシアは悪くない、悪いのは欧米だ」と主張する人々がいる。ロシアはまさに情報戦を仕掛けている。

しかし、この「ロシアは悪くない」論を信じてはいけない。ウクライナには、ロシアを侵略する気など毛頭なかったからだ。もともと軍事力があまりに違うのだから、侵略を考えるなどあり得ない。実際、ウクライナ戦争が始まった後もウクライナは、自国内に入りこんだロシア軍とは戦っても、ロシア国内にまで入っていこうとはしていない（ロシア国内の軍事施設へのドローン攻撃等はあるが）。

またロシアは、「アメリカは1990年の約束を破ってNATOを拡大しつづけた」と主張した。だからアメリカが悪いのだと。たしかに対ロシアの軍事同盟であるNATOは、冷戦終結時には16か国だったのに、現在31か国に増えているから、ロシアのストレスも理解できないわけではない。

しかし「NATOに是が非でも加盟したい」という国がこれほど増えたのは、それだけロシアの脅威が増したからである。今回のロシアによるウクライナ侵略後も、それを見たフィンランドやスウェーデンが加盟申請をしている。アメリカがそうさせているのではなく、ロシアの態度が、むしろNATO加盟国を増やしているのである。

もともとロシアが領土拡大主義をとらない平和的友好的な国であるなら、NATOなど本来不要なものだ。そこに加盟したいと思う国などないだろう。また1994年に、アメリカとイギリス、そしてロシアを加えた3か国は、「ブダペスト覚書」というものを交わしている。これは、「ロシアと、アメリカ、イギリスがウクライナの安全を保障するから、ウクライナは保有する核兵器を放棄する」というものである。

当時、ウクライナ国内には約1800の核兵器が置かれていた。かつてソ連が、ヨーロッパをターゲットに、ウクライナ国内に置いたものだ。ウクライナはそれらをすべてロシアに搬出し、非核化を実行した。

アメリカとイギリスは現在、ウクライナを支援することでこの覚書を守っている。ところがロシアは、ウクライナの安全を保障するどころか、そこを侵略することで、この約束を破り去った。それればかりか、ロシアはウクライナへの核兵器使用をちらつかせて脅している始末だ。

だから、約束を破り国際法を無視して無力な隣国ウクライナに侵略したロシアが悪くなく、欧米が悪いという論は通らない。

もちろん、欧米の対応に欠点がなかったわけではない。しかし悪いのは、やはり圧倒的にロシアの側なのである。

じつは、終末が間近になった時代にロシアが横暴な侵略的国家になることは、驚くべきことに『聖書』に預言されていた。それは一体どういうものか。『聖書』は単なる「神話」ではない。その内容はじつに驚くべきものだ。

預言されていたロシア

『旧約聖書』の「エゼキエル書」に、こう書かれている。

「メシェクとトバルの大首長であるマゴグの地のゴグよ。…あなたは北の果てのあなたの国から、多くの国々の民を率いて来る。…大軍勢だ」（第36章2〜15節）

これは「エゼキエル書」における預言の一部だが、ここで「メシェクとトバルの大首長であるマゴグの地のゴグ」「北の果てのあなたの国」と呼ばれているのは、ロシアのことである。なぜなら、イスラエルから経線を北に伸ばしていけば、それはモスクワを通る。ロシアはイスラエルから見て「北の果ての国」だ。

一方、古代名で書かれる「メシェク」「トバル」「マゴグ」「ゴグ」とは、何だろうか。『聖書』によれば、メシェクもトバルもマゴグも皆、ノアの3人の息子セム、ハム、ヤペテのうちのヤペテの子孫であった。

「ヤペテの子孫はゴメル、マゴグ、マダイ、ヤワン、トバル、メシェク、ティラス」（「創世記」第10章2節）

『聖書』のこういう系図は「神話だろう」と思っている人もいるかもしれないが、その正しさは、今や多くの考古学者や人類学者によって確認されているものだ。

ヤペテの子孫は、コーカソイド（白人）となって北方に移り住んだ人々である。彼らのうち「メシェク」と「トバル」はしばらく一緒に行動し、当初フェニキア（地中海東岸）とも交易をする民族だった（「エゼキエル書」第27章13節）。

メシェク人とトバル人は、紀元前12世紀ごろにはアッシリア帝国の強力な敵として存在していた（アッシリアの年代記に、ムシュキとタバリの名で登場する）。当時は現在のトルコあたりにいたと考えられている。

しかしその後、彼らのなかには、さらに北に移った人々もいた。今のロシアあたりに移り住んだのだ。

メシェクは、ロシアの首都モスクワの語源になったと、ウクライナの歴史書『キーウ概要』（Kievan Synopsis, 17世紀）に記されている。

トバル人のなかには、現スペインやジョージア方面に行った人々もいるようだ。しかしアラブの事典『タジ・アルアルス』（Taj al-Arus, １７９０年）によれば、ロシア人の大半を構成するスラブ人は、トバルの子孫だという。

トバルは、ロシアのトボル川やトボリスク市の語源ともなった。

では、「マゴグの地」とはどこだろうか。

1世紀のユダヤ人歴史家ヨセフスは、「マゴグの地」を、黒海とカスピ海の北岸地域で活動していたスキタイ人の地として語っている（『ユダヤ古代誌』1-123［vi.1］）。これは現在のロシア南西部やウクライナのあたりである。ただし当時「スキタイ人」は、そのあたりの遊牧民族全般を意味することがあった。

だから必ずしもマゴグ人＝スキタイ人ということではない。スキタイ人は謎の多い民族といわれている。

それはともかく、マゴグの地はロシア南西部付近ということになる。

ただし、一方で別の説もある。「マゴグの地」はロシアではなく、預言者エゼキエルの時代に現トルコ西部に存在した「リュディア王国」（前7〜前6世紀）のことだろうという。そして「ゴグ」とはその王ギュゲスのことではないかという。その理由は、ゴグとギュゲスは音が似ているからだと。だがリュディア王国は、考古学者によればセム語を話すアッカド人の国だった。アッカド人はセム系民族だから、ヤペテ系民族であるマゴグの地ではあり得ない。マゴグの地＝トルコ説は間違いなのである。

「マゴグの地」とは、ヨセフスがいうように（スキタイ人が活動していた）黒海とカスピ海の北岸地域＝つまり現在のロシア南西部やウクライナあたりの地域だった、と考えるのが妥当だ。

つまり、『聖書』のいっている「マゴグの地のゴグ」とは、明らかにロシアなのである。

ルーシ人とゴグ

さて、これらメシェクとトバル、またマゴグなどの北方民族は、そのあたりで入り混じりながら住み、互いに近縁であったので、古い時代には総称的に「ルーシ人」とも呼ばれていた（キーウ・ルーシの年代記『過ぎし年月の物語』）。

ルーシ人は、後にロシア人や、ウクライナ人、ベラルーシ人等になった人々のことである。実際「ロシア」（Russia）の名は、「ルーシ」（Rus）に由来する（ルーシのギリシア語形がローシア）。10世紀に東ローマ帝国皇帝はロシアを「ルーシ」と呼んでいる。

「ルーシ」の名はまた、ウクライナの古名「キーウルーシ」や、「ベラルーシ」（Belarus／白ロシア）という国名にも残っている。ロシア西部にも、ルーシを語源とする地名が多い。ルーシ人とは、いわゆる東スラブ系の人々だ。

またルーシの語は、民族名というより、支配階級の人々の意味でも使われた。じつは先の「エゼキエル書」の句で「大首長」と訳された言葉は、原語のヘブル語で「ルーシ」なのである（文語訳聖書や英語訳聖書等では「ロシュ」と表記）。

モスクワの地方を治めていたミハイル・ヤロスラヴィチ大公（14世紀）は、「全ルーシの大公」の称号を使用していた。帝政ロシアにおいても「ロシアこそはルーシの正統な後継者」という自意識

悪魔のゴグとマゴグが、聖都を攻撃する。これは、ロシアによる侵攻を預言したものだったのだろうか。

があった。今でもルーシといえば、ロシア人のルーツ、またアイデンティティとなっている。

このように「エゼキエル書」がいう「メシェクとトバルの大首長（ルーシ）であるマゴグの地のゴグ」とは、明らかにロシアである。

さて、この「ゴグ」は何を意味しているものだろうか。ゴグは、ヘブル語で「屋上」を意味する言葉だ。それは人名や民族名というより、エジプトのファラオ（王）等と同様、上に君臨する支配者を表す称号だろうといわれている。つまりゴグは、ルーシ人の支配者のことだろう。

じつは興味深いことに、近年ロシア人の間では、「屋上」という意味を持つロシア語「クリシャ」（krysha）に、特別な意味が与えられて使われているという。クリシャという言葉が、「守ってくれる支配者」の意味で使われているのだ。これは、地域を守る代わりに「みかじめ料」を取りあげるマフィアを意味することも多いという。

一方で政府や大統領、モスクワを意味することもある。現代ロシア社会は、この言葉＝「屋上」（クリシャ）抜きには語れない、とまでいわれるほどだ。すなわちロシア語の「クリシャ」が、ヘブル語の「ゴグ」と同じ意味で使われている。北の果ての国ロシアにおけるゴグ＝クリシャとは、モスクワであり、そこにある政府なのである。

じつは、かつて古代ギリシアのアレクサンダー大王（前4世紀）は、この「北の果ての国」「マゴグの地のゴグ」の軍が、北から南下してくるのを防ぐために、コーカサス地方（黒海とカスピ海の間の地）に巨大「障壁」を作ったとの伝説が、昔から語られている（Gates of Alexander）。この話は、イスラム教の教典『コーラン』にも記されているものだ。

つまり当時も、「マゴグの地のゴグ」は、コーカサス地方の北側と認識されていた。モスクワもその地にある。マゴグの地のゴグは、昔から脅威だったのである。

ロシアは、かつてはそのあたりにある小さな国だった。15～16世紀には多くの「公国」に分かれて争っていたが、そののちモスクワ公国が勝利をおさめ、ロシア人の地を統合した。ロシアは、モスクワに始まったわけである。彼らは当時から領土拡張の野心が旺盛だった。

そして帝政ロシアの時代には、北方の地は寒く、人口が少なかったこともあり、またたく間に領土を広げることができ、極東から東ヨーロッパまで支配する世界最大の国家を築きあげた。このように「ゴグ」とは、モスクワにいる支配者のことであることがわかる。

ロシアの行く末

こうして見てみると、ロシアもウクライナも、その隣国ベラルーシも、元は同族だったことがわかる。つまりロシアによるウクライナ侵略は、同族同士の戦いということになる。

実際、元は同族なのだが、ロシアのウクライナ侵攻で見えてきたのは、現在のロシア人とウクライナ人の国民性また国家体制の違いだ。

ロシアは専制主義のため、真実を報道する自由も、政府を批判する自由も非常に限られている。

しかしウクライナには、民主主義も報道の自由もある。もし嘘の報道をすれば、それを正す自由な報道機関もある。だからロシアの対外宣伝は信用できないが、ウクライナ発の報道は、たいていが信用できるといっていい。

ロシアはこれまでアフガニスタンや、チェチェン、ジョージア、シリア等にも侵攻してきた。それらの国々は、いともたやすく侵略できた。

だがそれらの国々と、今回のウクライナとの違いは、ウクライナがＩＴ（情報技術）先進国だったことである。たとえば、ウクライナはロシアの侵攻を受けると、いち早くイーロン・マスクの企業提供の衛星インターネットサービス「スターリンク」を通じ、インターネット回線を確保した。

それを利用してゼレンスキー大統領の演説や、ロシアの蛮行を伝えるＳＮＳ映像等を発信し、真実を全世界に知らしめた。その情報は世界をかけめぐり、欧米を初め多くの国々を味方につけ、多大な援助を引きだしたのである。

このウクライナを侵略したロシアは、軍事大国である。だがロシアは民生用機器等の生産では、ほとんど見るべきものがない国だ。軍事だけが突出し、産業的に非常にアンバランスである。それはロシアが今も領土拡張の野心、ネオ・ユーラシア主義に燃えていることを示している。

このように「エゼキエル書」が預言する終末の時代の「北の果て」「マゴグの地」の軍事大国は、ロシアなのである。

ロシアは、とくに核兵器の保有量においてダントツだ。一都市を破壊できる程度の小型核ミサイル（戦術核）の保有数は世界一である。それを背景に周囲に脅しをかけ、勢力拡大をはかっている。

ロシアはさらに、単にウクライナだけでなく、NATOに加盟申請したフィンランドやスウェーデン、ロシアの近くにあるバルト三国や、モルドバ、その他にも侵攻する気配を見せている。モルドバの政権転覆工作をはかっているという情報もある。日本の領海にも何度も侵入し、日本をも牽制している。

ロシアはこののち、いったいどのような行動を起こしていくのか。じつは冒頭にエゼキエル預言の一部を記したが、「エゼキエル書」はさらに多くの預言をしている。さらに加えれば、「ダニエル書」や「ヨハネの黙示録」にも預言がある。

それらについては後述するが、ロシアはやがて南下し、終末の日にイスラエルに侵攻しようとするという。単独にではなく、同盟国らとともに、イスラエルを攻撃するために「メギドの丘」（ハルマゲドン。イスラエル北部）に集結するのである。

それは巨大な軍事行動となるから、世界を揺るがす事態となるだろう。ところが、そこに神の鉄槌が下され、神の裁きを受けて、結局は滅ぼされてしまうという。『聖書』はこのように、北方の軍事大国の出現と、その最終的な滅亡を預言している。

『聖書』がそんな預言をしているものだから、どうもプーチン大統領は、この聖書預言を国民には隠したいようだ。彼は2016年に「伝道規制法」と呼ばれる法律を施行した。これは教会内では『聖書』の話や伝道をしてもいいが、教会から一歩でも外に出たら『聖書』の話はいっさいしてはならない、という法律である。プーチンは聖書預言を、国民に知られたくないらしい。

プーチンは、ロシア正教会に出席し祈る「敬虔《けいけん》なロシア正教徒」であるかのような振る舞いをしているが、その心は実際は神から離れ、宗教や信者をも利用して戦争を遂行しようとしているように見える。筆者の知人に、日本人と結婚し日本に住んでいるロシア人がいるが、彼はこの伝道規制法を「ひどい法律」と非難していた。

疫病と経済危機と戦争

ロシアのウクライナ侵攻は、今後の激動と混乱の時代の始まりを期すものだろう。じつは過去を振り返ってみると、約100年前の世界に、現在と似た状況があった。

今から約100年前、第1次世界大戦の末期（1918〜1919年）に、スペイン風邪のパンデミック（世界的感染拡大）が起き、5000万人以上の死者を出している。その10年後の1929年に起きたのが、あの世界経済の大恐慌だった。さらにその10年後、1939年には第2次世界大戦が起きている。

つまり、わずか20年ほどの間に、「疫病（パンデミック）、経済恐慌、戦争」の3つが立てつづけに起きた。

現在、われわれは2020年から新型コロナウイルスによるパンデミックに見舞われている。今後の歴史が10年ごとになるかどうかはわからないが、約100年前の「パンデミック→大恐慌→大戦争」という流れが繰り返されるのではないだろうか？　そう思わせるものが、今回のロシアによるウクライナ侵攻なのである。

というのは、これを期に、まず世界に経済の混乱が始まった。ウクライナへの侵攻を見た欧米諸国等は、ロシアに対し、かつてないほど大規模な経済制裁を打ちだした。それはロシアを苦しめるもののはずだが、経済制裁というものは同時に、制裁を課す側にも痛みと混乱をもたらす。

経済学者のなかには、この大規模な経済制裁その他を契機として、世界は近く経済危機に見舞われるのではないか、と述べる人もいる。実際、今の世界は、リーマン・ショック（2008年）前夜の状況にそっくりだという人も多い。

今、世界で原油高、小麦等の原材料高、そのほかに起因するインフレ（物価高騰）が加速している。かつてリーマン・ショックの前夜も、原油や小麦の最高値が続いていた。そしてリーマン・ショックが来て、株価大暴落となった。

さらに現在でも、かつてのリーマン・ショックの原因となったサブプライム・ローン（信用度の低い借り手向け住宅ローン）の不良債権と同様に、名前こそ違うが同じようなローンが多く使われている。インフレに伴ってローン金利が上がり、住宅価格も上がって、同様の不良債権の問題が持ちあがってきている。また銀行の倒産が相次ぎ、金融不安が高まっている。

「これから来るのは、運がよくてリーマン・ショック級、うまく対処できなければ大恐慌」と述べる専門家もいる。いま世界は経済危機に入りかけている。

さらに、大戦争の危機も高まっている。今回のロシアによるウクライナ侵攻により、欧米とロシアの対立は決定的となった。そしてもうひとつ不穏な要因が、中国である。中国は台湾を侵略しようと謀《はか》っている。

アメリカの軍事アナリストのなかには、「中国は2025年までに台湾への侵攻を始めるだろう」という人がいる。あるいは「2027年までに」という人もいる。いずれにせよ、ロシアによるウクライナ侵攻がもしも成功してしまうようなら、中国も台湾をわがものにできると思うに違いない。

中国はウクライナ侵攻の成否を見てから、行動を起こすのかもしれない。

いずれにしても、習近平主席は、どんなことをしても台湾を中国に統一させるという、堅い決意をすでにすべての中国人民の前に表明している。もし中国が台湾を侵攻すれば、その火花は当然日本にも降りかかってくる。

ロシアによるウクライナ侵略では、アメリカはウクライナに武器は供給するが、直接の参戦はしていない。しかし米国は、中国がもし台湾に侵攻するなら直接参戦することを台湾に約束している。

米国が台湾に加勢し、米軍と中国軍が直接対決することになれば、大戦争になるのは必至だ。日本も当然巻きこまれる。中国軍のバックには、ロシア軍や北朝鮮（朝鮮民主主義人民共和国）軍も加勢するかもしれない。そうなれば第3次世界大戦となる可能性すらある。

米国のシンクタンクCSIS（戦略国際問題研究所）は、もし中国軍が台湾へ上陸作戦を実行した場合、どのようになるかという机上演習（シミュレーション）を発表している。大半のシナリオにおいて、中国は台湾制圧に結局失敗はするが、米軍も台湾軍も多数の艦船や航空機を失い、大きな損失を出すだろうとしている。

また中国はその際、日本の米軍基地や自衛隊基地をも攻撃してくるだろう。そのため日本の自衛隊も参戦することになり、やはり大きな損失をこうむるだろうとしている。

いまや、ウクライナから拡大する可能性のあるロシアの戦争、そして台湾から拡大する可能性のある中国の戦争により、世界が未曾有の大戦争に巻きこまれる確率が、格段に高まってしまった。われわれは今、大変な時代の境目にさしかかっているのである。

ロシア正教会の変質

ロシアには「ロシア正教」と呼ばれるキリスト教会がある。しかしロシア国内では、ウクライナ侵攻を正当化する偽情報拡散が盛んに行われているから、そのためかロシア正教は、『聖書』の教えから大きく外れてしまった面があるようだ。

ロシア正教会のトップ＝キリル総主教は、ロシアによるウクライナ侵略を糾弾するどころか、その軍事行動を祝福した。それはロシア国営放送の流す「ウクライナ侵攻はウクライナを救うため」

というプロパガンダ（政治宣伝）を、彼が真に受けているからかもしれない。聖職者といえども、国で聞かされる情報に左右される。

またキリル総主教は、旧ソ連において情報機関／秘密警察＝ＫＧＢのエージェントだった過去があるという（「タイムズ」紙の報道／２００９年）。同じく元ＫＧＢだったプーチンの盟友だ。プーチンが、ロシア正教徒らをまるめこむために、キリル総主教を利用しているとする見方もある。

キリル総主教はウクライナ侵略を正当化したが、国内の正教会信徒や国外の正教会から激しい反対を受けた。ウクライナ侵略に反対する主教らも、声を上げている。ロシア正教会は分裂の危機にさらされているという。

けれどもキリル総主教は、バックにプーチンがいる限り安泰なのだろう。ローマ・カトリックのフランシスコ教皇はそんなキリル総主教を見て、「プーチンの侍者（手伝い）になるんじゃない！」と批判した。

じつは最近、ロシアではモスクワ郊外に、「ロシア軍主聖堂」と呼ばれる教会が建設された。「軍人教会」とも呼ばれるその教会は、溶かした武器で造られ、黒っぽい緑色をしている。階段は、ドイツの戦車とヒトラーの官帽を溶かした金属で作られているという。

しかしそれ以上に議論の的となり、また問題となったのは、聖堂の内装として中心的な位置に飾られたスターリンや、ロシアの政治家たちのモザイク画である。

プーチンのモザイク画も聖堂に飾られる予定になっていたという。けれども、プーチン自身が功績の評価は時期尚早と述べたため、彼のモザイク画は聖堂ではない別の場所に、ひとまず一作品として飾られている。

とはいえ、「大粛清」により数千万人のソ連人を虐殺したといわれるスターリンを英雄とし、そのモザイク画を聖堂の中心的な飾りとするなど、普通に見れば正気の沙汰《さた》とは思えない。スターリンはコミンテルン（国際共産主義組織）を通し、世界中に戦争の種をばらまいた人物でもある。

もしスターリンに加えて、さらに侵略者プーチンのモザイク画まで、そこに飾られてしまうようなら、教会に対する幻滅を引き起こすだけだろう。

やはり教会とはいえ、権力と結びついてしまうと、権力におもねり、そこまで堕落《だらく》してしまうのだろうか。それはまるで中世ヨーロッパの堕落教会を見るようである。

第三ローマ帝国

ここで、ロシアという国を考えるうえで、キリスト教とローマ帝国の歴史も簡単に見ておく必要があるだろう。

キリスト教は、もともと古代ローマ帝国内に興ったものだった。キリスト教は当初、帝国から激しい迫害を受けた。だが、ローマ皇帝コンスタンティヌスが突如キリスト教に改宗すると、信教自由となり、のちにはローマ帝国の国教にまでなった。

当時ローマ帝国のキリスト教会は、中心がローマにあった。しかしローマ帝国が東西に分裂し、西ローマ帝国（首都ローマ）と東ローマ帝国（首都コンスタンティノープル）になると、教会も東方教会と西方教会に分かれた。

11世紀になると、この分裂はさらに決定的となった。ロシア正教会は、この東方教会の流れを汲んでいる。しかし、正教会やローマ・カトリック（西方教会）は国家権力とのつながりを持ったため、歴史のなかでしばしば堕落している。

それに対し、国家権力とのつながりを断って純粋に信仰の真実を求めようとしたのが、プロテスタント（16世紀～）や、景教《けいきょう》（ネストリウス派キリスト教／5世紀～）等だった。

ロシア正教はローマ帝国に興ったキリスト教東方教会の流れを汲む、ということもあり、ロシアでは昔からモスクワは「第三のローマ」であるといわれてきた。「モスクワは第三のローマである」という言葉は、ロシア人がいい伝えてきたものだ。

つまり、第一のローマはイタリアのローマ、第二のローマは東ローマ帝国の首都コンスタンティノープル、そして第三のローマがモスクワ、つまり第三ローマ帝国である。

プーチンの目指しているのは、じつはこの「第三ローマ帝国」としての強大なロシアを作ることだという（法政大学の下斗米伸夫名誉教授による）。最近、ロシアのサンクトペテルブルグには「ローマ皇帝の服を着たプーチン大統領」の胸像が立てられたほどだ。

後述するように『聖書』は、終末が間近になった時代に「復興ローマ帝国」が現れ、世界を荒らしまわると預言している。「第三ローマ帝国としてのロシア」は、その預言の成就となる。

共産主義とユダヤ人

ロシアはソビエト連邦の時代、今よりも大きな帝国を築いていた。その中心理念は共産主義だった。共産主義は無神論であり、反宗教である。つまりロシアはロシア正教の国であるとともに、現代的無神論の発祥地ともなった。

共産主義・ソ連の国旗は「赤い旗」だった。共産主義の中国もまた、「赤い旗」を国旗としている。赤は革命の血の色である。「赤」は共産主義の代名詞としても使われる言葉だ。

『聖書』には、終末の時代に「赤い竜」(「ヨハネの黙示録」第12章3節)が現れ、世界を荒らしまわると書かれている。この「赤い竜」とは文脈上、第一義的にはサタン(悪の勢力の主体/「同」第12章9節)のことだが、サタンは共産主義を用いて世界を荒らしまわったのだ。

共産主義について話すと、よく質問を受ける。「共産主義者たちに、なぜユダヤ人が多かったのか」と。

たしかに、共産主義の理念を作ったマルクスをはじめ、コミンテルンのリーダーたち、また各国の共産主義リーダーの多くも、ユダヤ人だった。ロシア革命を主導しソ連を作ったレーニンも、母方には一部ユダヤ系の血が入っていたという。

当初、共産主義者には確かにユダヤ人が多かった。しかしユダヤ人＝共産主義というわけではない。当時、ユダヤ人で共産主義に走る者が多かったのは、じつは彼らが長い間、離散の憂き目と迫害に苦しんできたからだった。どこにいても、まともな人権を認められなかった彼らは、20世紀に入ったとき、ある者たちはシオニズム（祖国帰還運動）に希望を見出し、またある者たちは共産主義に希望を見出した。

共産主義は民族や階級を越えた「平等」を説いていたから、理想郷のようにも見えたのである。共産主義は、反ユダヤ主義をとらないことも、早くから表明していた。だから、長く差別されてきたユダヤ人にとって、共産主義は魅力あるものに見えたのだ。それに、当時はまだ共産主義の欠陥や、行く末が明らかにはなっていない時代だった。そのため、あるユダヤ人たちは共産主義に身を投じた。そういう事情があったことを、念頭において見るべきだろう。

プーチンは先に述べたように、その共産主義・ソ連の時代にKGB（諜報機関）のスパイだった。彼は東ドイツに勤務し、東ドイツ国民を苦しめる側にいた。プーチンはかつてのソ連の大物スパイ、日本を陥れたゾルゲにも憧れていたという。彼はのちにゾルゲを顕彰《けんしょう》している。

プーチンはその東ドイツにいたとき、ソ連崩壊の報に接した。それは彼の人生最大の屈辱となった。

そののち彼は、かつてのソ連と同じような大帝国としてのロシアを作ろうと決心した。それが彼の「大ロシア」への野望である。それは第三ローマ帝国復興という野望だった！

【上段】プーチンの故郷であるサンプトペテルブルグに立てられた、ローマ皇帝風のプーチンの銅像（写真＝AP／アフロ）。

【下段】ロシア正教会のキリル大司祭。彼はプーチン大統領の盟友でもある（写真＝スプートニク／共同通信）。

ロシアのユダヤ人

われわれは先に、「マゴグの地」について見た。これは黒海とカスピ海の周辺地域で、現在のロシア南西部あたりである。

「するとこれは、『国家をあげたユダヤ教への改宗』で有名なハザール王国（7〜10世紀）があった場所と同じだな」と、ピンと来る方も、きっといらっしゃるに違いない。ハザールの王はあるときユダヤ教に改宗し、国民もみなユダヤ教に改宗した。

この歴史をもとに、「イスラエルで多くを占めるアシュケナージ・ユダヤ人（北方系ユダヤ人）は、このハザール王国の改宗ユダヤ人であって、アブラハム、イサク、ヤコブの子孫ではない」という、いわゆる「アシュケナージ＝偽ユダヤ人説」が今も、ちまたにある。しかしこの説を信じる者は、遺伝学者のなかにはいない。アシュケナージ・ユダヤ人もスファラディ・ユダヤ人（南方系）も、遺伝子的には約88パーセントが共通しているからだ。両者のY染色体のおもなハプログループ（J．E．R）の割合も似たり寄ったりである。

遺伝学者らは、アシュケナージもスファラディも、それぞれ多少の混血をしているとはいえ、基本的にアブラハム、イサク、ヤコブの子孫であるとしている。またもしアシュケナージ・ユダヤ人がハザール王国の改宗ユダヤ人であるなら、ハザール時代の言語や風習、伝統文化が何かしら残っているはずである。ところが、そのようなものは見当たらない。

ハザールは、10世紀にキーウ・ルーシ（キーウ大公国。現在のウクライナ）によって滅ぼされ、ハザール人のほとんどはそのとき殺されてしまったからである。つまり、現在ロシアやウクライナ、ジョージアあたりにいるユダヤ人のほとんどは、ハザール王国とは関係のない離散ユダヤ人である。彼らも基本的にアブラハム、イサク、ヤコブの子孫だ。西暦70年のエルサレム滅亡以来、全世界に離散したユダヤ人の子孫なのである。ウクライナのゼレンスキー大統領も、この離散ユダヤ人の子孫である。

ロシアのオリガルヒ

じつは、ロシアのオリガルヒ（財閥）の富豪の多くも、ユダヤ人といわれている。

しかしロシアがウクライナを侵略したとき、彼らオリガルヒの富豪の多くは反戦を訴えた。オリガルヒの人々は、世界をまたにかけて仕事をしているから、海外の正しい情報にも接することができる。だから反戦のオリガルヒも少なくない。

ユダヤ系オリガルヒのひとり、ミハイル・ホドルコフスキー氏は石油王といわれた大富豪だったが、プーチンに失脚させられ、野党に財政支援をしていたところ逮捕されたという人である。自身の石油会社も奪われ、10年の禁固刑を経てのちイギリスに亡命した。

彼はイギリスで、無法者のプーチンに対してNATOはもっと厳しい態度に出るべきだと訴えている。もしそうでなければ、ロシアの次の標的はバルト三国かポーランドになるだろうと。

一方、同じくユダヤ系オリガルヒのひとり、ロマン・アブラモビッチ氏のほうは、イギリスBBCによれば不正取引で巨富を築いたといわれ、プーチンとも親しい。彼はプーチンを助けるオリガルヒと見なされ、制裁を課された。このように同じユダヤ系といっても、いろいろな人がいる。プーチンと仲の悪いユダヤ人もいれば、仲のいいユダヤ人もいる。

プーチンはこれまで、彼らオリガルヒの多くを利用し、脅しながら自らの巨大な資産を築いてきた。プーチンは貧しい家の出だったが、いまはロシア一の大富豪となっている。巨大宮殿を別荘として持ち、総資産は約20兆円もあるといわれる。

しかしその資産の多くは、不正で得た富だ。プーチンに従うオリガルヒに利権を与え、その利益の多くを吸いあげて得た富である。そしてその不正を暴いてプーチンを批判した野党指導者ナワリヌイ氏をも、プーチンは神経剤で殺害しようと謀った（2020年8月）。

独裁者はいつもそうだ。自分に楯《たて》つく者は皆、排除しようとする。オリガルヒの富豪らは、プーチンから利権を与えられて大儲けしたとはいえ、このように残酷で横暴な専制君主に対し、苦々しい思いを持っている者たちも少なくない。ロシア人大富豪アレックス・コナニキン氏は自身のSNSを通し、プーチン逮捕に100万ドル（約1億3300万円）の賞金を出した。「おたずね者　生死を問わず　ウラジミール・プーチン　大量虐殺者」としたのである。

「ダニエル書」の預言

さて、ロシアは第三ローマ帝国を目指していると述べたが、この第三ローマ帝国は、別の言葉でいえば「復興ローマ帝国」である。じつは『聖書』は、復興ローマ帝国が「終末」の時代に現れると預言している。古代ローマ帝国のような強大な帝国が、終末の時代に復活し、世界を荒らしまわるという。終末とは、世の末期症状が噴きでるときだからだ。

それに関する『聖書』の預言を見てみよう。まずは、『旧約聖書』「ダニエル書」(紀元前6世紀)の預言からである。

預言者ダニエルは、紀元前550年ごろの人である。

ダニエルは当時の世界に君臨していた第一の国＝バビロン帝国の滅亡後、第二の国＝メド・ペルシア帝国が支配し、そののち第三の国＝ギリシア帝国が現れると預言した。さらに彼は、世界には第四の国(ローマ帝国)が現れると述べて、こう語っている。

「第四の国(ローマ帝国)は、鉄のように強いでしょう。……これらの王たちの世に天の神は一つの国を立てられます。……この国は立って永遠に至るのです」(「ダニエル書」第2章40、44節)

鉄のように強い国＝古代ローマ帝国の時代に、イエス・キリストが降誕して「永遠の国」を建てられる、という預言だ。これはその通り成就した。さらにダニエルは、終末の時代の復興ローマ帝国を「第四の獣」と呼び、こうも預言している。

「（第四の獣は）恐ろしい、ものすごい、非常に強いもので……十の角を持っていた。……第四の獣は地上の第四の国である。……十の角はこの国から起こる十人の王である」（「ダニエル書」第7章7、23節）

終末の時代に復興ローマ帝国が興るが、それは単体ではなく、10か国の同盟国を従えているという。それはロシアを筆頭とする10か国の軍事的同盟国のことと理解できる。これは次のようなことでわかる。

ロシアの同盟国たち

先にわれわれは、「エゼキエル書」の預言の一部を見たが、その預言をここでもう少し詳しく見てみよう。「エゼキエル書」には、ロシアとその同盟国たちが終末の時代に行う侵略行動について、次のように預言されているのだ。

「メシェクとトバルの大首長（原語はルーシ＝ロシアの古名）であるマゴグの地（黒海とカスピ海の北方）のゴグよ。……ペルシャ（イラン）とクシュ（エチオピア）とプテ（リビア）も彼らとともにおり……ベテ・トガルマ（トルコ）とそのすべての軍隊、それに多くの国々の民があなたとともにいる。……あなたは終わりの年に、一つの国に侵入する。……北の果てのあなたの国から、多くの国々の民を率いて来る。……あなたは、わたしの民イスラエルを攻めに上り、終わりの日に、あなたは地をおおう雲のようになる」（「エゼキエル書」第38章1～16節）

つまり「マゴグの地のゴグ」＝ロシアは、「北の果て」の彼らの国から、「終わりの年」（終末が間近になった時代）に大軍団となって、イスラエルに侵攻するというのだ。

その大軍団とは単にロシア軍だけではない。ここでは古代名で書かれているが、「ペルシャ」とは現在のイランである。またクシュはエチオピア、プテはリビア、ベテ・トガルマとはトルコである。

ペルシア＝イランは、以前は親米国家だった。だが1978年のイスラム革命以後、強烈な反イスラエル、反米の国家となり、ロシアとの結びつきを強めた。イランの首都テヘランには、「イスラエルを抹殺せよ」と書かれた巨大なミサイル模型が飾られている。今回のウクライナ戦争においても、ロシア軍はイラン製ドローン等を多数攻撃に使っている。イランはロシア軍に加勢しているのだ。

次に、クシュ（エチオピア）は、かつてソ連時代のロシアから多大な軍事的援助を受けてきた国である。エチオピア・エリトリア国境紛争（1998〜2000年）のときにも、エチオピアはロシアから支援を受けたから、ロシアに恩がある。今回のウクライナ侵攻の際には、エチオピアのロシア大使館の前に、ロシアのために戦いたいというエチオピア人が列をなしたことが報じられた。

一方プテ＝リビア（アフリカ北部の国）は、カダフィ政権崩壊後、内戦と混乱が続いている。最近ではロシアとトルコが介入を強めている状態だ。

またベテ・トガルマ、つまりトルコは、欧米を中心とするNATOの加盟国であるにもかかわらず、2020年にロシアから最先端の地対空ミサイルシステム（S400）を購入した。トルコはロシアとの軍事的結びつきを強めたわけで、これは西側諸国から強い反発を受けた。

トルコは、表向きには西側とロシアの双方と、友好関係を保とうとしているかに見える。ロシアとウクライナの間に立ち、停戦協議の場を提供するなど、中立であるかのような振る舞いをした。ところが「ウォール・ストリート・ジャーナル」紙によると、貿易データが明らかにしたところでは、トルコの企業は2022年にロシア軍に必要な機械や電子機器など数千万ドル相当を、ロシアに輸出しているという。トルコは陰でロシアを援助しているのだ。

終末の時代に世界を荒らすという国々が、このように『聖書』において名指しで書かれていることに、驚く方もいらっしゃるかもしれない。しかし『聖書』のなかでは、多くの国々の行動が名指しで記されている。

もちろん、どんな国にも善人もいれば悪人もいる。けれども個人の行動だけでなく、国家としての行動もすべて神に予知されているというのが、『聖書』の述べていることである。だから国民が善良であっても、国としては間違った行動に出ることがある。

たとえば、ウクライナ侵略を行ったロシアにしても、プーチンの決断に反対し抗議するロシア人は多かった。ロシアには善良な人も多い。しかしそれら抗議の声は押さえつけられ、全体的権力を握ったプーチン大統領の考えだけが押し通される。

たとえ国民が善良でも、国の行く末は国家体制や、権力者の意向が左右する。日本に住むロシア人も筆者の知る限りでは、ほとんどが善良な人々である。彼らの多くもロシアのウクライナ侵略に反対しているが、その声はプーチン大統領には届かない。

こうして見てみると、戦争をしたがっているのはじつはプーチンひとりではないか、とさえ思えるほどだ。ほかのロシア人の多くは仕方なく、あるいはロシア国内のプロパガンダにだまされて戦争をしているにすぎない。要するに、ロシアという国の行動と、ロシア国民とは別なのである。

それから、これらの国々の他にも、名前は記されていないが「多くの国々の民」の軍隊が、「北の果ての国」＝ロシアに加勢すると預言されている。その「多くの国々」のなかには、現在ロシアと軍事的結びつきを強めている中国や、北朝鮮も含まれている可能性が高い。

「ウォール・ストリート・ジャーナル」紙によると、貿易データから見えるところでは、中国は国際的な制裁と輸出規制をよそに、航法装置や電波妨害技術、戦闘機部品等を、制裁対象のロシア国有防衛企業に多数輸出している。将来も中国は、ロシアとともに行動することになる可能性が高い。

北朝鮮も、ロシアに多くの武器弾薬等を供給している。その代金が、北朝鮮の資金源だ。それに加え、ロシアのウクライナ侵攻に加勢したベラルーシや、ロシアが強い影響力を持つ中東の国シリア等も、終末の時代にロシアとともにいることが考えられる。

「ダニエル書」に書かれている「10か国の同盟国」(10の角)とは、これらの国々に違いない。

ハルマゲドンの戦い

彼らロシアとその同盟国は、終末が間近になった時代に南下し、ジョージア(旧グルジア)、さらにトルコを経て、シリアの地に達するだろう。そこまで来ると、イスラエル北部の地「メギドの丘」=「ハルマゲドン」は、目と鼻の先である。

いわゆるハルマゲドンとは、イスラエル北部の一地域の名前なのである。ハルマゲドンとは「人類絶滅の世界最終戦争の代名詞」とお思いの方も多いかもしれない。だが『聖書』のいうハルマゲドンの戦いは、世界最終戦争ではあるが人類絶滅の戦いではない。生き残る人々も多いのだ。

ハルマゲドンとは、イスラエル北部のメギドの丘のことで、シリアの西隣にある。そこは広大な土地で、昔から雌雄を決する大きな戦闘のあったところだ。日本でいえば、関ヶ原のような場所と理解してもいい。

ロシアからハルマゲドンの地までは意外と近い。預言によれば、ロシアと同盟国らは、一丸となってイスラエルを攻撃するために、やがてメギドの丘＝ハルマゲドンに集結する。近未来にこれが起きれば、それはロシアのウクライナ侵攻をはるかに上まわる大規模な軍事作戦となるだろう。

今回のウクライナ侵攻は、こうした終末における彼らの大規模な軍事行動の予表にすぎない。ところが、ロシアや同盟国らによるイスラエルへの侵攻は、結局失敗に終わる。というのは、そのとき神の怒りと鉄槌が彼らに下されて、その地で彼らは滅び去るからである。

「ゴグがイスラエルの地を攻めるその日——神である主の御告げ——私は怒りを燃え上がらせる。……ゴグよ……あなたと、あなたのすべての部隊、あなたの率いる国々の民は、イスラエルの山々に倒れる」（「エゼキエル書」第38章18／第39章4節）

この預言が、いわゆる「ハルマゲドンの戦い」である。つまりこの戦いは、世界最終戦争ではあるが、全人類滅亡の戦いではない。人類同士の戦いでもない。それは「神の勢力」対「地上の悪の勢力」の戦いである。それは地上の悪の勢力の滅亡をもって終わる。神はこの戦いにより、地上の悪と苦しみに終止符を打って下さるのだという。

ハルマゲドンの戦いについては、「ヨハネの黙示録」も、次のように預言している。

「こうして彼らは、ヘブル語でハルマゲドン（イスラエル北部のメギドの丘）と呼ばれる所に王たちを集めた」（「ヨハネの黙示録」第16章16節）

「私（ヨハネ）は、獣（独裁者）と地上の王たちとその軍勢が（ハルマゲドンに）集まり、馬に乗った方（キリスト）とその軍勢と戦いを交えるのを見た。……（獣と偽預言者は）硫黄の燃えている火の池に、生きたままで投げ込まれた。残りの者たちも……殺された」（「ヨハネの黙示録第19章19〜20節）

中国の動向はどうなるのか

このハルマゲドンに集結する10か国の同盟国のなかで、とくに中国は、ロシアに次ぐ大きな存在になるに違いない。ロシアも中国も軍事大国だが、いまや軍事的結びつきを強めているからだ。

今回のロシアのウクライナ侵攻においても、その侵攻直前に中国がウクライナに大規模なサイバー攻撃をしかけていたとの報道があった（英「タイムズ」紙）。中国ははじめから、ロシアによるウクライナ侵略に加担していたわけである。さらに「ヨハネの黙示録」には、次のように読める預言がある。

「日出ずる方より、王達が二億の兵をもってユーフラテス川を渡ってくる」（「ヨハネの黙示録」第16章12節、第9章14～16を筆者要約）

2億もの兵を持てる国は、中国だけだろう。そこには中国と親しい北朝鮮の軍隊もともにいるかもしれない。彼らは「日出ずる方」＝東方から来て、ユーフラテス川を渡り、ハルマゲドン＝メギドの丘へやってくる。

実際、中国は「一帯一路政策」を進め、中国と中近東、欧州を結ぶ現代版シルクロードを建設中だ。それにより中国と中近東は近くなり、ハルマゲドンの地も近くなった。多くの軍隊が通っていく道は整備されつつある。

中国はまた、ロシアと同様、国民への情報が厳しく制限され、統制されている監視社会である。それにより中国は、ハルマゲドン侵攻も国内で正当化するだろう。

今回のロシアのウクライナ侵攻では、「これはウクライナを救い、よりよい国にするためだ」等の嘘がロシア国内でいい広められた。同様にハルマゲドン侵攻の際にも、ロシアや中国の国内では「これはイスラエルを救うためだ」等の嘘が流されるに違いない。専制政治の国の恐ろしさである。

中国では「プーチンは格好いい」と褒《ほ》める人が多いという。

「プーチンがウクライナに侵攻してくれて、うやむやが晴れて爽快な気分だ」と絶賛するプーチン・ファンも少なくない。これはロシア国営放送のプロパガンダをそのまま中国で放送し、プーチンを英雄視しているからである。ロシアも中国も、世界へ覇権を広げることを狙っている。それはときに強引なやり方で進められる。そのときに散る火花が、大戦争への引き金となるだろう。

獣に率いられた国々

彼ら終末の時代に現れる「10か国の同盟国」については、「ヨハネの黙示録」にもこう預言されている。

「あなたが見た十本の角は十人の王たちで、彼らは、まだ国を受けてはいませんが、獣（六六六の数字を持つ独裁者）とともに、一時だけ王の権威を受けます」（「ヨハネの黙示録」第17章12節）

10か国の同盟国は、「獣」と象徴的に呼ばれるひとりの独裁者に率いられているという。その独裁者とは、名前表記のゲマトリア（数値換算）が「666」になる人物である。このゲマトリアについては後述する。

この「666」の数字を持つ人物はまだ現れていない。少なくともまだ表だってはいない。「プーチンは黙示録に預言された獣ですか？」と質問されることもあるが、筆者が調べた限りでは、彼の名のゲマトリアは666にはならない。将来現れる「獣」は、彼とは別の人物だろう。

獣がロシアに現れるかどうかも定かではない。別の国かもしれない。しかし中近東付近の国と思われる。獣はいずれ現れる。歴史を見れば、大恐慌でもっとも苦しんだ国から、横暴な独裁者が現れている。獣は、経済危機のさなかにもっとも苦しんだ国から現れることだろう。

いずれにしても、ロシアのウクライナ侵攻は世界秩序を大きく変えてしまった。今後いつ「獣」が現れてもおかしくはない。『聖書』によれば、彼は現れると、やがて自分を「神」と宣言するという。彼に欺《あざむ》かれた人々は、彼を救世主のように崇め、彼を自分たちの王とする。また彼は一度死んだとみられるが、生き返って皆を驚かせるという。

「獣」は10か国の同盟国を率い、世界を荒らしまわる。しかし彼らの存在は「一時的」だ。最後は結局、再臨のキリストに滅ぼされて消え去ってしまう。

終末が間近になった世界では、このように、悪が栄える。末期症状が噴きだして、世界は悪と災い、苦しみに満ちることだろう。けれども悪と災いが最高潮に達し、人類が自滅の危機に瀕したとき、上から神の介入があり、神は地上の悪と苦しみに終止符を打つという。『聖書』には、

「悪者どもが青草のようにもえいでようと、不法を行なう者どもがみな栄えようと、それは彼らが永遠に滅ぼされるためです」（「詩篇」92篇7節）

と記されている。悪と罪は人類のなかに、がん細胞のように存在している。それはいずれ人の世に多くの末期症状を起こしていく。人類は出口を失って苦しむだろう。しかし最終的に、神が偉大な医者としてメスをふるい、地上の悪と苦しみと、その膿をすべて取り去る。そして神を受け入れ、愛する人々のために新しい世を用意しておられるというのが、『聖書』の主張だ。

21世紀に入ってさまざまな出来事が起きている。世界はますます、『聖書』が預言するそのときに向かって動いているように筆者は感じている。正直、数十年前までは、『聖書』の終末預言の成就はまだだいぶ先のことだろう、と思うこともあった。ところが昨今の出来事を見るにつけ、世界は急速に、聖書預言通りの世界になりつつある。

世が改まるとき、また「産みの苦しみのとき」ともいわれる試練のときは、きっと近い。しかしその試練のときの向こうには、それを乗り越え、開かれた新しい世界があると約束されている。『聖書』はこれらを、人々を脅すために記しているわけではない。むしろ「ときのしるし」つまり時代の変化の兆しを、われわれが敏感に感じ取って、力強く生きていくようにと諭しているのだ。

ロシアの平和条約とは？

以上が、ロシアのウクライナ侵攻と、終末に関する聖書預言との関連である。

今から約100年前、パンデミック→経済恐慌→世界大戦という流れがあった。ちょうどそのように、今後同じ流れが繰り返される可能性が格段に高まっている。われわれは目を凝らして、生き抜いていくための心構えを持つべきだろう。

ウクライナは、ロシアの隣にあるということだけで、侵略されるという災難をこうむった。日本もロシアの隣である。日本は、ロシア、中国、北朝鮮という世界三大危険国すべてを隣国とする国なのだ。

ロシアの南東部、日本海に面するところにウラジオストクという港湾都市がある。ウラジオストクとはロシア語で、「東を征服せよ」――つまり日本を征服せよの意味である。日露戦争の時代ならまだしも、いまもそのような名の都市をそこに置いていることに、ロシアの本音が透けているように思える。

かつてロシアはソ連時代の1926~1941年という15年間に、15の「不侵略条約」「中立条約」つまり平和条約を、周辺諸国との間に結んだ。日本も「日ソ中立条約」を結んでいる。しかしソ連は、のちにそれらの平和条約をほとんど破り去った。ソ連は周辺諸国と平和条約を結び、相手を安心させておいて侵略し、占領してしまうということを繰り返してきた国である。

ロシアにとって、平和条約は単なる紙切れにすぎないものらしい。ソ連がロシアに変わってからも、そのことはほとんど変わっていないようだ。

日本は故・安倍晋三首相の時代に平和条約締結を視野に北方領土交渉を進め、ロシアと日本の共同経済活動を推し進めた。プーチンは、北方領土は返してもいいという素振りを見せながら、それをエサに日本からお金を出させ、経済協力を受けると、北方領土返還の話はすっかり引っ込めてしまった。

日本は、お金だけ取られ、だまされた形だ。日本はどうしてこうもお人好しなのか。

駐ロシアの日本人元外交官がいっていたが、ロシアには「取ったものは返さない」文化があるという。彼もアパートをひきはらうとき、敷金を返してくれるように大家にいったが、返してもらえなかった。「返すという約束だったじゃないか」と食い下がったが、無駄だったのである。昔もいまもロシアはそういう国である。いつ誠実な国になってくれるかはわからない。日本はそれを念頭に、ロシアという国に対峙していくべきである。

未来のゴグとマゴグ

以上述べてきたように、「マゴグの地のゴグ」と呼ばれるロシアは、終末の時代に侵略的国家となり、やがて10か国の同盟国とともにイスラエルに侵攻する。しかし彼らには神の鉄槌が下り、ハルマゲドン＝メギドの丘で滅び去ってしまう。

これはキリスト再臨時に起こることだという。また「ヨハネの黙示録」によれば、そのキリスト再臨ののち、地球上に「千年王国」と呼ばれる至福の王国が出現する。それは病も死も苦しみも極度に減少した、幸福な世界だという。

キリストの千年王国は、現在の地球の最後の時代を形成するものである。しかしその時代においても、過去の「マゴグの地のゴグ」の記憶は語り継がれ、「ゴグとマゴグ」の名で覚えられるらしい。というのはキリストの千年王国後に、現在の地球上で一時的な戦争があるのだが、そのとき現れる悪の勢力は、再び「ゴグとマゴグ」の名で呼ばれているのである。

「地の四方にある諸国の民、すなわち、ゴグとマゴグを惑わすために出て行き、戦いのために彼らを召集する。彼らの数は海べの砂のようである」（「ヨハネの黙示録」第20章8節）

つまり千年王国後の「ゴグとマゴグ」とは、ロシアではなく「地の四方」にいる悪の勢力である。彼らはサタン（悪の勢力の主体）に惑わされてしまった人々だ。やはり彼らも、神の裁きによって滅ぼされる。サタンの惑わしに乗ってしまうなら、だれでもゴグとマゴグになり得るということだ。

侵略的国家「マゴグの地のゴグ」（ロシア）の出現と滅亡は、このように人類にとって強烈な記憶となり、のちのちまで語り継がれて、千年王国後の悪の勢力までもが「ゴグとマゴグ」の名で呼ばれることになる。

ゴグとマゴグの戦争ののち、現在の古い天地宇宙は過ぎ去り、サタンは滅ぼされ、また新しい天地（新天新地）が創造されて、神の民はそこに入るという。その「新天新地」では、ゴグとマゴグの名はもはや忘れられることだろう。そこでは完全な平和と義と愛が満ちているために、過去のことはすべて過ぎ去ってしまうからである。

新天新地では死もなく、老いも病もなく、人々は永遠の命の身体をもって至福のなかに生きることができるという。千年王国がこの地球上の王国であるのに対し、新天新地（来たるべき神の国）は、現在の天地宇宙が過ぎ去ったのちに新創造される新世界で、まったく異なる秩序を持つ世界である。

人類の行く末

このような知識は、終末の時代を生き抜いていくうえでとても大切である。終末の時代には、虚偽の情報が氾濫するようになるからだ。

「マゴグの地のゴグ」と呼ばれるロシアでは、政府が流す虚偽のプロパガンダ（政治宣伝）にだまされた兵士たちが、ウクライナに侵略していった。「単なる訓練だ」といわれ、連れられていった先は「実際の戦地だった」という兵士が多いという。

一方、来たるべき千年王国のあと「ゴグとマゴグ」の名で呼ばれる人々も、やはりサタンに惑わされた人々である。つまりわれわれは、どんな時代にあっても「聞く情報」に注意しなければならない。それは幸不幸と、生死さえも左右する。

ところで、ロシアの独立系リベラル紙の編集長で、ノーベル平和賞受賞者のドミトリー・ムラトフ氏は、プーチンは核兵器の使用をほのめかし、周囲の国々へ脅迫を行っていると語っている。核ミサイルはプーチンの一存で、いつでも発射できる状況だ。

もし通常兵器だけではうまくいかないと感じるようになれば、自国防衛という口実を掲げて核兵器も使われてしまう可能性があるだろう。今回のウクライナ侵攻において、ロシアは思うように戦果を出せず、手こずっている。もしプーチンが、苦しまぎれに核兵器を使うようなことがあれば、人類は核戦争を経験してしまうかもしれない。

「ヨハネの黙示録」には、

「火と煙と硫黄とのために人類の三分の一は殺された」（「ヨハネの黙示録」第9章18節）

との記述がある。人類の3分の1が死滅するのは、核戦争しか考えられない。

一方、ロシアのウクライナでの戦争は長引くのではないか、とする見方もある。ロシアとしては、もう引っ込みがつかないからだ。かつてロシアはソ連時代の1979年にアフガニスタンに侵攻、占領した。しかしゲリラ的な抵抗が続き、10年後の1989年にはアフガニスタンから撤退せざるを得なくなった。

この占領失敗は、「大国がどうしてゲリラとの戦争に勝てないかを示す教科書的な研究事例」に挙げられているほどだ。こうした実績から見て、ロシアがたとえウクライナを占領したとしても、ウクライナ人の強い抵抗にあい、結局は手放すことになるのかもしれない。

ではそれで平和が来るのかというと、そうとは思えない。ロシアの領土拡張意欲、ネオ・ユーラシア主義は続き、次には西のフィンランドやスウェーデン、バルト三国、モルドバ、あるいは南のジョージア、シリア、さらにはイスラエルへと進軍していくことが考えられる。日本にも来るかもしれない。

もしロシアがそれら周辺国へ侵攻した場合、世界は今以上の戦乱を経験することになるだろう。その先にあるのがハルマゲドンだ。それには中国や北朝鮮もかかわってくるに違いない。

いずれにしても、いやな時代になった。しかしそのときは近い。どんな時代になろうと、大切なことは、心に確固としたものを持って生き抜いていくことである。

第2章

終末の時代は始まった

終末とは何か

前章では、ロシアのウクライナ侵略と聖書預言との関連について、ピンポイントに見た。ロシアのウクライナ侵略は、この世界が「終末の近い時代」に入ったことを明確に示す大事件のひとつである。この章では、終末が間近になった時代にほかにどのような出来事が起きるかについて、「終末の時代」の全体像を見ていきたいと思っている。

最近では、ロシアのウクライナ侵略、台湾統一をねらう中国、核戦争の危機、パンデミック（世界的感染拡大）、環境破壊、異常気象、食糧危機等の問題が盛んに取りあげられ、〝人類には、はたして未来があるか〟というようなことが、世界の人々の間で盛んに論議されるようになっている。

『聖書』も、「世の終末」について述べている。とくに『旧約聖書』の「ダニエル書」や、『新約聖書』に記されたイエス・キリストの預言、使徒パウロやペテロの預言、「ヨハネの黙示録」などである。世界人口の約3分の1を占めるキリスト教徒とユダヤ教徒は、基本的に聖書信仰を持っており、「世の終末」が預言通り起こると信じている。

『聖書』を読んだことのない方は、「どうしてそんなことが信じられるのか」と思われるかもしれない。しかし「世の終末」は、信じる者にも信じない者にも、『聖書』が述べている通りに、やがて起こることである。だから信じる者も信じない者も、ここに解説することをよく読んでいただければ感謝である。『聖書』を読んだことがない方は特に、彼らがどんな意味で「終末」を信じているのか、それを知っていただければ幸いである。

「終末」とか「世の終わり」という言葉を聞いて、背筋が凍るような恐怖を覚える方々もいることだろう。けれども『聖書』のいう「終末」は決して、破滅が無差別的に世界とすべての人々に下るということではない。「終末」が来ればそれで最後で、あとはただ死の静寂のみがあるということではない。

『聖書』のいう「終末」「世の終わり」は第一に、現在の天地万物に見られる事物の体制が終わりを告げ、新しい体制のなかに生まれ変わるときのことである。『聖書』はこのときのことを、

「万物更新の時」（「使徒の働き」第3章21節）

とも述べている。「終末」とは、現在の世界が終結し、新しい世界として始まるときのことを、意味している。

「見よ。まことに私（神）は、新しい天と新しい地とを創造する。先のことは思い出されず、心に上ることもない。だから、私の創造するものを、いついつまでも楽しめ」（「イザヤ書」第65章17〜18節）

と記されている。すなわち「世界の終末」は、悪、苦しみ、死、病気等の悲惨に満ちたこの現在の世界に終止符が打たれ、神の完全な支配による新しい秩序の世界が始まるときを、意味している。「終末」「世の終わり」とは、「この世」と「来たるべき世」との境界にほかならない。『聖書』のいう終末とは第二に、「終末が来ると世界は滅び、すべての人は死に絶える」ということでもない。「終末」は選択的に起こり、滅びに値するものだけが滅びるのだ。

「正直な人は地に住みつき、潔白な人は地に生き残る。しかし、悪者どもは地から絶やされ、裏切り者は地から根こぎにされる」（「箴言」第2章21〜22節）

このように滅びは選択的に人々に起こり、滅びに値する人々が滅びることになる。神に信頼し、その教えに立つ人々が滅びることはない。殉教で死ぬことはあるだろう。しかし『聖書』がいう「第二の死」、つまり「永遠の滅び」にあうことはない。だから、

「私たちは神の約束に従って、正義の住む新しい天と新しい地とを待ち望んでいる」（「ペテロの第二の手紙」第33章13節）

とも述べられている。

第三に、「終末」とは、神がご自分の「永遠の目的」（「エペソ人への手紙」第3章11節）に従ってなされてきたことがら、その計画が完結するときだという。それはわれわれを苦しめてきた悪が世界から一掃されるときである。

また至福の神の王国が、その全き姿をわれわれの前に現すときだ。

だから、神と『聖書』を信じる者にとって「世の終わり」「終末」は、決して恐れるべきものではなく、むしろ待ち望むべきものである。

『聖書』のいう「終末」とは、すべての悪や苦しみが世界から追放されるときであり、また神を愛するすべての人々の救いが、完成するときだからである。

キリスト教では、2000年前のイエス・キリストの十字架の死は、信じるすべての人々に罪の赦しと、神の前での義、また「永遠の命」を与えるためになされたと信じられている。さらにキリストの死後3日目の復活は、それを保証するためになされたものだという。

キリストは復活後、40日間地上にいたのち、身体を上げられ、昇天したと『聖書』に書かれている。

キリストはいまも天において生きていて、やがて終末のときに再臨（再来）し、地上の悪を一掃し、神の国を樹立して、新しい世界を始められる。

このように『聖書』がキリストについて述べていることは、じつに壮大である。そして、単に壮大なだけでなく、現実のわれわれの世界と未来に深くかかわっているのである。

なぜ終末が来なければならないのか

しかしわれわれは問う。なぜ世界に「終末」が来なければならないのだろうか。世界が「終末」を迎えることなく、このまま真の平和と幸福に満ちた世界になっていくことはできないのだろうか。

人間は今まで、神をぬきにして、自分たちだけで真の平和と、幸福と、繁栄の世界を築けるかのように歩んできた。しかし人間は、本当に真の平和と、幸福と、繁栄の世界を築き得ただろうか。

第1次世界大戦以前、とくに欧米ではユートピア（理想郷）思想が盛んで、人々は漠然と、科学や産業の進歩とともに人類は申し分ない平和と、幸福と、繁栄の世界に向かっていくと考えていた。第1次大戦が勃発したとき、人々はこの戦争は「すべての戦争を終わらせる最後の戦争」になるだろうと考えた。

そして大戦後、人々は国際連合の前身である「国際連盟」を設立し、平和のために努力した。しかしその努力もむなしく、しばらくしてさらに大規模な第2次世界大戦が勃発した。

そして第2次世界大戦後、われわれはロシアのウクライナ侵略を見、さらに第3次世界大戦、あるいは核戦争の不安のなかに暮らしている。

第2次世界大戦後は「国際連合」が結成されたが、これも無力で、ロシアのウクライナ侵略を止めることさえできていない。

科学は発達し、産業は興隆し、技術は進歩した。しかし一方では、世界はいまや大きな危険をはらむようになっている。原子力は、原子力発電などのかたちで人類に恩恵を与える一方、核爆弾などのかたちで、人類を脅かしている。

われわれは宇宙船が人類を月に送り届けたというニュースを聞いた一方で、そうした宇宙船に、核ミサイルが装備される可能性についての論議も耳にする。今日、地上に存在するすべての核爆弾を用いれば、地球を数十回以上滅ぼすことができるといわれている。

医学や遺伝子工学などの技術も進歩し、われわれはその恩恵にあずかっている。しかし一方では、遺伝子工学による生命操作がもし無秩序に行われ、行きすぎれば、デリケートな世界の生態系が破壊されてしまうことにもなりかねないだろう。こうしたことから、現代の世界に危機感を抱いている人々は、少なくない。

世界は今、人類の歴史始まって以来かつてなかった危機に直面しているといっていい。全人類の滅亡、また全人類の自滅を防ぎ、阻止する方法はないのだろうか。世界の多くの人々は、そのために懸命な努力をしている。懸命な努力によって、人類はこの危機を、一時的には乗り越えるかもしれない。

しかし、人類はいずれ同じような危機に直面することだろう。そして遅かれ早かれ、行き着くところまで行き着いてしまうに違いない。神はこの世界にやがて終末を来たらせ、新しい世界を確立されると『聖書』がいう理由のひとつは、この「全人類の自滅」という悲劇を回避させることにあるのだ。

『聖書』によれば、神はわれわれすべての人を愛しておられる。そしてだれよりも、われわれ人類の真の平和と幸福と繁栄を願っておられる。もし神がこの世界に介入をなさらず、この世界を放任してしまうとすれば、人類は破滅への道をひたすら進んでいくだけだろう。

しかしやがて神は、その破滅への行進にストップをかけられる。神はこの世界に上より介入し、ご自身の栄光の御国を、地上に確立される。そして古い世界は過ぎ去り、すべてが新しくなるのである。

ほかに方法はないのか

しかし、なおわれわれは問うだろう。この古い世界が過ぎ去ることなしに、平和に至る道はないのかと。この世界のままで平和と幸福と繁栄の社会を確立することが、あってもよいはずだ。いったいそのような方法はあるのか。

人間は今日まで、世界の体制を変革しようとするとき、選挙やクーデターや革命等の手段を用いてきた。フランス革命やロシア革命を例にとっても、それらは確かに何らかの変化をもたらした。しかし、それらは永続的な幸福を、あるいは恒久的な平和をもたらしたのかと問えば、答えは疑い

もなく「否」である。『聖書』のいう通り、人間の努力だけでは、

「曲がったものを、まっすぐにすることはできない」（「伝道者の書」第1章15節）

のだ。この世界はちょうど、砂の上に建てられている、貧弱な材料でできた家に似ている。屋根は、はがれかけ、壁はこわれ、柱の木は虫が食っている。このような家では、家具の位置を変えたり、壁紙をはって見栄えをよくしても、いったいどれほどの益があるだろうか。

分別のある人なら、きっとその家をとりこわして、岩のようなかたい土台の上に、良い材料で家を建て直すに違いない。この世界もまた、選挙やクーデターや革命などで貧弱な家の修理をしようとするのだが、もともと貧弱な材料でつぎ木をあてたり直したりするので、たいした益はない。

だから神は、この家をむしろとりこわして、ご自身という、岩のような堅固な土台の上に、良い材料で家を建て直そうとしておられるのだという。イエス・キリストは、

「だれも、新しいぶどう酒を古い皮袋に入れはしない。もしそんなことをしたら、その皮袋は張り裂け、酒は流れ出るし、皮袋もむだになる。だから新しいぶどう酒は新しい皮袋に入れるべきである。そうすれば、両方とも長もちがするであろう」（「マタイの福音書」第9章17節）

と述べている。新しい体制を古い世界にもちこんでも、決してうまくはいかない。新しい体制は、新しい世界に確立すべきである。だから古い世界は滅び、過ぎ去らなければならない。こうして、滅びのあとに平和と幸福が確立されるという。

終末の前兆

では、「終末」が間近になった時代には、いったいどんな前兆があるのだろうか。いくつかの前兆は、すでに現代において見られるものである。

①イスラエル国家の再建

まずイスラエル国家の再建は、終末の前兆としてもっとも重要なものである。

かつて古代イスラエル民族は、ソロモン王の時代にはいまのイスラエルの地を中心に、中東世界全域に君臨する巨大な王国を形成していた。この古代イスラエル民族からのちに分かれたのが、いわゆるユダヤ民族である。

ユダヤ民族は、西暦70年にエルサレムが破壊されて以来、世界に離散し、約1900年にわたって世界の各地を流浪していた。しかし20世紀になってイスラエルの地に帰りはじめ、ついに1948年、イスラエル共和国の独立を宣言した。祖国再建である。

２０００年近くも国を失っていた民族が、自分たちのアイデンティティを失うことなく、再び故国の地に戻り、国を再建したなどということは、ほかの民族においては到底あり得ないことだった。しかしユダヤ民族はそれをやり遂げた。しかも彼らは、２０００年間「死語」であったヘブル語を復活させ、今では彼らの母国語として使用している。

このイスラエル国家の再建は、『聖書』の預言の成就であり、また終末が間近になったことを示すもっとも重要なしるしである。『聖書』の「エゼキエル書」には、終末の時代に起きることとして次のように記されている。

「私（神）は、あなたがたを諸国の民の間から連れだし、すべての国々から集め、あなたがたの地に連れていく」（「エゼキエル書」第36章24節）

またイエス・キリストは、「マタイ福音書」第24章その他で、終末の近づいた時代の前兆について語っている。それを読むと、その時代にはすでにイスラエルは回復し、イスラエルの地に住んでいることがわかる。こうしたことから『聖書』預言の研究者たちは、イスラエル国家が実際に再建される何百年も前から、やがてそうなることを予告していた。

たとえば、アメリカの初期の植民地の官吏インクリース・メイサーは、１６６９年に『イスラエルの救いの奥義』と題する本を著し、やがてユダヤ人がパレスチナに帰ってきて、彼らの国家を再建すると述べていた。イスラエル国家が実際に再建される279年も前に、すでにそう述べていたわけだ。

また、1866年に英国の聖書学者ジェームズ・グラントは、こう述べていた。

「地上に千年王国を建てることを目的とするキリストの再臨は、ユダヤ人たちが彼ら自身の国に帰ってきて、さらにキリストとユダヤ人の敵が世界の各地から軍隊を集めエルサレムへの攻撃を開始するまでは、起こらない」

これは、イスラエルが国家となる82年前に書かれたものである。このように、1948年にイスラエル国家が再建されたことは、キリストの再臨と終末が近づいたことの重要なしるしなのである。

②世界大戦

終末の前兆の第二は、世界大戦や、民族間また国家間の全面戦争が多発することである。イエス・キリストは、終末が近づいた前兆のひとつとして、次のように述べている。

「戦争や、戦争のうわさを聞くでしょう。……民族は民族に、国は国に敵対して立ち上がります」

（「マタイの福音書」第24章6～7節）

1914年になって第1次世界大戦が起きたが、これは多くの民族と国々を巻きこむ、最初の大規模な全面戦争となった。それは単に職業軍人が戦うだけでなく、一般市民も動員され、国民全体が戦闘行為を全面的に支援する、史上初の「全面戦争」となったのである。人々は総力をあげて、預言の通り「民族は民族に、国は国に敵対」した。さらに第2次世界大戦では、これがもっと大規模な形で起こった。世界大戦は、終末の時代の前兆のひとつである。だから筆者は、終末の「前兆期」は1914年にすでに始まったと考えている。そののち1948年には、イスラエル国家再建も成就した。そして次に見るように、前兆期の特徴はその後も次々に現れている。そのため、終末の前兆期はある程度長いものになる。それは前兆期には、その特徴的事柄が繰り返し起こるからである。

③偽キリスト・偽預言者の出現

前兆期には、偽キリストや偽預言者等も繰り返し現れる。イエス・キリストは述べている。

「人に惑わされないように気をつけなさい。多くの者が私（キリスト）の名を名乗って現われ、自分がキリストだと言って、多くの人を惑わすであろう」（「マタイの福音書」第24章4～5節）

実際、20世紀以降、多くの偽キリストが現れている。たとえば、大本教の第2代目教主・出口王《でぐちお》仁三郎《にさぶろう》は、自分を「再臨のキリストだ」と主張した。彼は自分の髪を主イエスのように長くのばし、自分の風貌《ふうぼう》を主イエスに似せ、また両手の甲を着色して、「これは、私がかつて十字架につけられたときの傷あとだよ」といって、人に見せたりした。出口王仁三郎は昭和3年3月3日を「立て直し」の日とし、その日、白馬にまたがって信者の間を闊歩した。彼は自分を、「ヨハネの黙示録」第19章11節に描かれた「白馬に乗っておられるかた」(キリスト)に模したのである。

また、そのとき7人の信徒に、まわりでラッパを吹かせた。彼ら信徒を、「同書」第8章6節に描かれた「七つのラッパを持つ七人の御使い」に模したのだ。出口は人々から霊能者と思われていたから、こんなパフォーマンスでも、人々は結構彼を「再臨のキリスト」と思いこんだという。

また、キリスト教の異端である韓国の統一教会(現・世界平和統一家庭連合)の教祖・文鮮明《ムンソンミョン》は、自分が再臨のキリストだと主張した。彼は、旧約時代がキリストの初臨(初来)によって終了し新約時代が始まったように、新約時代はキリストの再臨によって終了し、「成約時代」が始まるとした。そのキリストは韓国に現れる人物であって、すなわち自分だと主張していたのである。

文鮮明は現代の代表的な偽キリストだが、韓国にはほかにも大勢の偽キリストがいる。韓国の国際宗教問題研究所の所長・卓明煥《タクミョンファン》氏は、「韓国には『われこそは再臨のキリストだ』と自称する者が33人いる」といっている。

アフリカにも欧米にもロシア等にも、また日本にも、「われこそは再臨のキリストだ」と自称する者が決して少なくない。ロシアでも最近「イエスの生まれ変わり」を自称するセルゲイ・トロプなる人物が、カルト教団を作った罪で逮捕された。終末が近づいた時代には、人々の社会不安が増す。その不安に乗じて、自分を救い主と自称する偽キリストは、今後さらに多く現れてくるだろう。

さらに偽キリストとともに、偽預言者の活動も活発になる。最近日本でも、「モルモン教」の宣教師を見かけるが、これは創始者であるジョセフ・スミスが、啓示を受けて書き記したという「モルモン経」を元にしたものである。伝統的キリスト教会からは、彼は偽預言者と見られており、そこには、『聖書』の本来の教えとは異なることが、数多く記されている。「ものみの塔」（エホバの証人）の創始者チャールズ・ラッセルも、キリスト再臨の日時を指定したり、人間の死後の魂の消滅をいったり、そのほか『聖書』の教えとは異なることを多く述べたという点では、ある種の偽預言者といえるかもしれない。

④疫病、ききん、地震、不法の増加

イエス・キリストは、終末が近づいた時代には、

「方々に疫病……が起こる」（「ルカの福音書」第21章10節）

と預言している。かつて第1次世界大戦の末期には、スペインかぜのパンデミックが起き、全世界に広がり、5000万人以上の死者を出したといわれる。またその約100年後の現代には、新

型コロナウイルスによるパンデミックが再び起き、多くの死者を出し、世界を恐怖に陥れた。そのほかエイズ（ＨＩＶ）、エボラ出血熱等などの疫病が方々に広がっている状態だ。

また、飢饉《ききん》の増加も、終末の前兆のひとつである。

「方々に、飢饉……が起こります」（「マタイの福音書」第24章7節）

今アフリカでは、１９８１年以来もっとも乾燥した状況が続いており、深刻な干ばつにより、２０２２年にはエチオピア、ケニア、ソマリア全体で、推定１３００万人が深刻な飢餓に直面すると、ＷＦＰ国連世界食糧計画が警告を発している。

また、このところの世界各地で毎年、異常気象が続いている。温暖なはずの欧米でさえ、夏にはセ氏45度以上の日が幾度もあるようになった。異常気温や、異常気象により、世界各地の農産物に影響が及び、世界は食糧危機に陥る可能性があるといわれている。

さらに地震の増加も、終末の前兆のひとつである。

「方々に……地震が起こります」（「マタイの福音書」第24章7節）

アメリカの地質調査所には、１９００年から現在までに観測された地震データがあり、世界中のどこで起きた地震であっても、マグニチュード6以上クラスの地震はすべて観測されてきた。それによると、世界で起きたマグニチュード6以上の地震の頻度は、1900年ごろに比べ、現在はなんと約「20倍」にも増えているという。

また「大地震があり」（「ルカの福音書」第21章11節）と預言されているように、巨大地震が増加している。日本は2011年に、世界最大級の東日本大震災に襲われた（マグニチュード9・0）。その後もあちこちで地震が続き、巨大な南海トラフ地震発生も近いのではないかと恐れられている。火山活動に伴う地震も増えている。

一方、不法の増加も、終末の前兆のひとつである。

「不法がはびこるので、多くの人たちの愛は冷たくなります」（「マタイの福音書」第24章12節）

犯罪、暴力、テロリズムなどの増加は、今や世界の多くの国で社会的問題となっている。日本でも、オウム真理教の犯罪をはじめ、通り魔、強盗や殺人の事件が増えている。多くの人々は利己的な幸福の追求に走り、「愛は冷え」、他の人をかえりみないようになっている。

⑤中東地域の一時的平和

『聖書』によると、終末が近づいた時代においては、「獣」と象徴的に呼ばれる暴君（後述）が世界に台頭するという。しかしそれ以前の中東地域は、一時的に平和の状態にある。

イスラエルは、1948年に国家が建設されて以来、アラブ諸国との間に4度にわたる「中東戦争」を経験してきた。イスラエルはたえず、戦争の恐怖のなかに生きつづけてきた。しかしその後、アラブ諸国の意識にも変化が生じ、第4次中東戦争のあとは、戦争を経験していない。

小規模の紛争や衝突はあるものの、イスラエルは、当時に比べれば大きな平和のなかで過ごしはじめているといえる。以前はパレスチナ人との衝突が多いとのイメージがあったが、最近イスラエルから帰国した日本人が「イスラエルくらいいい国はない、というパレスチナ人も少なくありませんでした」と述べていた。一般に両者は仲よくやっているのだ。イスラエルに反抗しているのは過激派だけで、大半のパレスチナ人は、「イスラエルよりもアラブ諸国のほうが冷たい」といって嫌っている。これは、終末とキリストの再臨が近づいた時代にイスラエルは「安心」と「平和」のうちに住んでいる、との『聖書』預言と一致する。


「その民（イスラエル）は、多くの国々の民の中から集められ、久しく廃虚であったイスラエルの山々に住んでいる。……彼らはみな安心して住んでいる」（「エゼキエル書」第38章8節）

イスラエルは、平和と安心のなかに住むようになっている。今後、たとえアラブ人、パレスチナ人との間に幾分、衝突があったとしても、イスラエルは全体的には、和平を実現する方向に進んでいくことだろう。それは、終末が近づいた前兆のひとつでもある。

⑥イスラエル北方の軍事強国

『旧約聖書』「エゼキエル書」の預言によれば、終末の前兆のひとつに、イスラエルの北の果てに強大な軍事国家が現れるという。その軍事国家は、終末の日にイスラエルに攻めいるはずだ。

「あなたは北の果てのあなたの国から、多くの国々の民を率いて来る。……あなたは私の民イスラエルを攻めに上り、終わりの日に、あなたは地をおおう雲のようになる」（「エゼキエル書」第38章15〜16節）

このイスラエルから見て「北の果て」の国とは、前章で示したようにロシアである。そしてこのロシアは、終末の日には「10か国の同盟国」を率いているという。それら10か国の同盟国としては、前章で見たような国々が考えられる。終末時代の前兆期にこれらの国々が現れるが、それらの国々は後述するように、前兆期に続く「患難時代」において大きな存在となり、世界を揺るがすだろう。そして患難時代にイスラエルに攻めいるという。

⑦今後、現れる前兆

これらイスラエル国家の再建、世界大戦、偽キリスト、偽預言者、疫病、飢饉、地震、不法、パレスチナの平和、イスラエル北方の軍事強国等は、すでに現代世界に見られるようになった終末の前兆である。われわれは今、終末の前兆期の真っ只中にいるのだ。

一方、『聖書』はさらに今後の世界に現れるはずの前兆についても、預言している。そのうちもっとも重要なのは、「第三神殿」と呼ばれるユダヤ教のエルサレム神殿の再建である。

第一神殿（紀元前10～同6世紀）は、ソロモン王が建造したが、バビロン軍の侵略によって破壊されてしまった。そののち、バビロン捕囚から帰還したゼルバベルによってその神殿は同じ場所に再建され、「第二神殿」（紀元前4世紀～後1世紀）と呼ばれた。

この第二神殿は紀元前2世紀に、アンティオコス・エピファネスという異邦人によって踏み荒らされてしまうが、3年半の神殿蹂躙《じゅうりん》のあと、ユダヤの英雄マカベアのユダらによって取り返され、清められた。そののちイスラエル地方を支配していたヘロデ大王がその神殿を修理増築する。イエス・キリストの時代にエルサレムにあったのは、この第二神殿である。

しかしその第二神殿も、西暦70年にローマ軍の侵略によって破壊される。そののち約2000年にわたって、ユダヤ人は神殿を再建できていない。だがユダヤ人は今も、神殿再建の強い悲願を持ちつづけている。そうやって将来エルサレム神殿が再建されるなら、それが「第三神殿」である。

ユダヤ人には3つの悲願があった。ひとつ目はイスラエル国家再建。これは1948年に成し遂げられた。ふたつ目はエルサレムを取り戻すこと。これは第3次中東戦争のときに成し遂げられた。そして3つ目が第三神殿建設である。これはまだ成し遂げられていない。しかしユダヤ人は必ず成し遂げるだろう。

それは、現在のエルサレムの「モリヤの丘」＝「神殿の丘」（テンプル・マウント）と呼ばれるところに建造されることになる。

イエス・キリストはこの第三神殿について、こう預言している。

「それゆえ、預言者ダニエルによって語られたあの『荒らす憎むべき者』が、聖なる所（神殿）に立つのを見たならば……そのときは、ユダヤにいる人々は山へ逃げなさい」（「マタイの福音書」第24章15節）

この「聖なる所」とは、未来の第三神殿のことである。イエスは、別に西暦70年のエルサレム滅亡と第二神殿壊滅を預言しているが、再臨が間近になった時代にはすでに神殿が再建され、再びそれが荒らされるときが来ると預言しているのである。

キリストの使徒パウロも、終末のときにはエルサレム神殿が踏み荒らされ、そこに「私は神だ！」と主張する悪の独裁者が立つと預言している。それは将来の第三神殿のことだ。

神殿が再建されれば、かつての旧約時代と同じような祭儀が再開されることだろう。多くのユダヤ教ラビ（教師）たちが、それに向けて準備を進めている。神殿が再建されれば、そこで働く祭司たちも必要だし、祭儀の道具類等も必要だが、イスラエルにはすでにそのための養成学校があり、研究所もある。

しかし、エルサレムの神殿の丘（モリヤの丘）には今、イスラム教の聖なる「岩のドーム」が建っている。黄金の屋根を持つ大きな建物だ。ユダヤ教神殿が再建されるとすれば、その岩のドームは、壊されてしまうことになるのだろうか？

これについては、壊されることにはならないのではないか、という考えが今日強くなっている。なぜなら、岩のドームはイスラム教の礼拝所ではなく、なかには昔アブラハムが息子イサクを神に捧げようとイサクを寝かせた岩盤がある。その岩盤をおおい、守る建物なのである。

だから、かつての第一神殿や第二神殿の建物が、その岩盤の真上にあったはずはない。岩盤は、第一神殿や第二神殿の「境内」にあったはずである。だから将来の第三神殿の建物は、岩のドームの場所ではなく、そのすぐ隣あたりに建てられるのではないか、と考えられている。隣には、何も建物のない広場があるのだ。

患難時代

これら前兆期の出来事のあとに「患難《かんなん》時代」というものが続く。それは、終末の時代の本体であって、クライマックスを形成していくものである。イエス・キリストはこの患難時代を、「産みの苦しみ」の時代と呼んでいる。一方、患難時代の前の「前兆期」は「産みの苦しみの初め」と呼

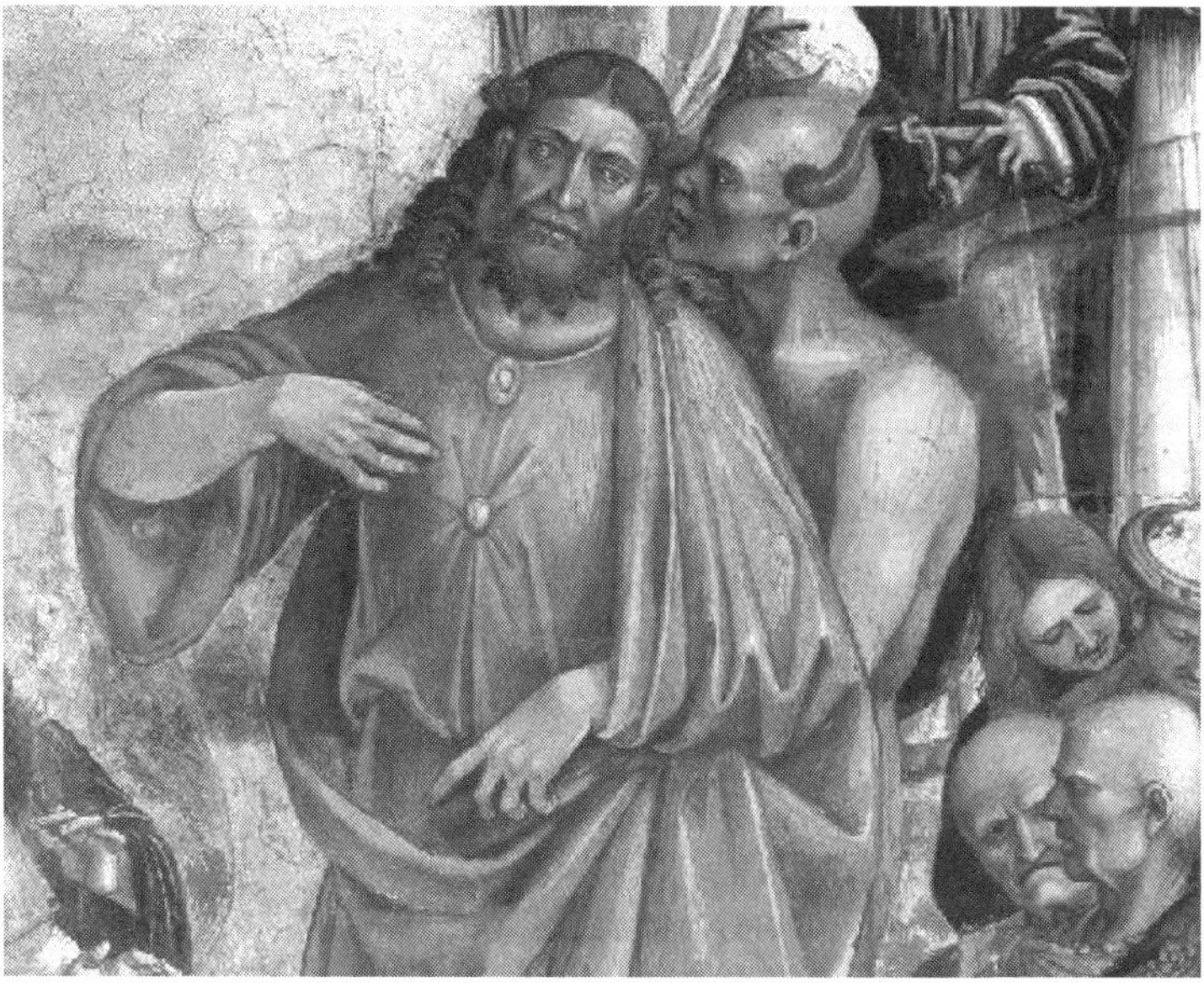

【上段】終末が近づいたときに登場し、人々を騙《だま》すという偽キリスト。
【下段】19世紀に、チャールズ・チピエスが想像した、エゼキエルが見た第三神殿。

ばれている。

患難時代とは、一種の〝陣痛〟に似た時代であって、多くの苦難が起こるが、それは来たるべき至福の世界を産みだすために、どうしても通過しなければならない時代だという。ちょうど妊婦が、次世代の生命を産みだすために産みの苦しみを経験するように、この世は、次の世を産みだすために産みの苦しみを経験しなければならない。

また、この時代はある意味で〝末期症状〟の時代でもある。がんにかかった人は、末期になると、体のあちこちに苦痛を感じるようになる。ちょうどそのように、世界はこの時代になると、自己のかかえる矛盾が一斉に噴きだすために、さまざまな末期症状を呈するようになる。だから悪が栄え、出口を失って苦悶《くもん》するようになる。

このさまざまな末期症状的苦難、および世界が経験する産みの苦しみが、「患難」である。患難時代には、『聖書』を信じる者にも信じない者にも、「地上に住むすべての人」の上に患難が及ぶという。だから『聖書』は、患難時代を、「全世界に来ようとしている試練の時」(「ヨハネの黙示録」第3章10節)とも呼ぶ。それは多くの人にとって、生き方が試されるときとなるだろう。輝く者は輝き、また悪に傾く者は傾くことだろう。

多くの人は、患難時代とはどんなものか知ろうと、『聖書』最後の預言書「ヨハネの黙示録」を読むことが多い。それほど長い書物ではない。読んだことのある方も多いに違いない。だが多くの象徴的言葉が使われているため、一度読んだだけでは、意味がとれないことも多い。そこで、これから「ヨハネの黙示録」を読む人のためにも、読みこなすコツと、基礎知識をここにご紹介したいと思う。同書は以下のことがわかっていると、理解しやすい書物である。

封印、ラッパ、鉢

「ヨハネの黙示録」においては、患難時代の出来事はおもに「7つの封印」「7つのラッパ」「7つの鉢」という預言的表徴をもって記されている。

これについて多くの人々は、まず7つの「封印」のさまざまな出来事が地上に起こり、それが終わると次に7つの「ラッパ」の出来事があり、そののち7つの「鉢」の災害が起こる、と思いこんでいる。実際そのように述べている解説書が少なくない。

ところが、そう思って読んでしまうと「どうもよくわからない」ということになってしまうのだ。「ヨハネの黙示録」をよく読んでみると、じつはそうではない。実際は、7つの封印の出来事が「終わってから」7つのラッパの出来事があるわけではなく、「第7の封印の内容として7つのラッパがある」のだ。だから、こう記されている。

「小羊（キリスト）が第七の封印を解いたとき、天に半時間ばかり静けさがあった。それから私（ヨハネ）は、神の御前に立つ七人の御使いを見た。彼らに七つのラッパがあたえられた」（「ヨハネの黙

示録」第8章1〜2節）

第7の封印が解かれて後、第一のラッパが吹かれるまでの間に、とくに何か地上に出来事が起こるわけではない。第7の封印が解かれると、7つのラッパすべてが現れる。つまり「7つのラッパ」は、第7の封印の〝内容〟である。第7の封印のなかに7つのラッパがある。

これは小さなことと思うかもしれないが、じつは大きな違いで、あとで重要な意味を持つことがわかってくる。同様に、「7つのラッパ」が終わったあとに「7つの鉢」があるのではなく、第7のラッパの内容として7つの鉢がある。こう記されている。

「第七の御使いが吹き鳴らそうとしているラッパの音が響くその日には、神の奥義は、神がご自身のしもべである預言者たちに告げられた通りに成就する。……第七の御使いがラッパを吹き鳴らした。……地を滅ぼす者どもの滅ぼされる時が来た。……私（ヨハネ）は、天にもう一つの巨大な驚くべきしるしを見た。七人の御使いが、最後の七つの災害（筆者注／鉢で表現される）を携えていた」

（「ヨハネの黙示録」第10章7節、第11章15〜18節、第15章1節）

第7のラッパの内容として、7つの鉢が現れている。すなわち、第7の封印の内容として7つのラッパがあり、第7のラッパの内容として7つの鉢がある。

巻き物の外側と内側の預言

「ヨハネの黙示録」は、キリストの使徒ヨハネが、キリストから啓示された預言的な幻や、預言の言葉を記した書物である。このとき使徒ヨハネは、それらの預言的幻や預言の言葉を、「巻き物」によって示されている。神の「巻き物」によって示された預言的幻と言葉を記したものが、「ヨハネの黙示録」だ。

じつは同書には、「巻き物」がふたつ出てくる。〝大きな巻き物〟と〝小さな巻き物〟である。まず〝大きな巻き物〟について見てみよう。

「私（ヨハネ）は、御座にすわっておられる方（神）の右の手に、巻き物があるのを見た。それは内側にも外側にも文字が書き記され、七つの封印で封じられていた」（「ヨハネの黙示録」第5章1節）

この「巻き物」が大きな巻き物である。それは神の巻き物であって、預言の巻き物だ。これには「内側にも、外側にも」預言の言葉が記されていた。この巻き物は「7つの封印」で封じられている。7つのシールが貼られている、あるいは7つの紐がかけられている等と思えばよい。

そのひとつひとつを解いていくたびに、いわゆる「封印の幻」という預言の幻が、ヨハネに見えていく。「巻き物」というものは、封印の全部を解いてしまうまでは、決して開かれない。ひとつでもシールが残っていると、開けることができない。だから第6の封印の時点では、まだ巻き物は開かれていない。

したがって「封印の幻」は、巻き物の「外側」に記された文字による幻、ということができる。巻き物の封印をひとつひとつ解くたびに、巻き物の「外側」に記された預言の幻と言葉が、ヨハネに示されるわけである。そして「第7の封印」が解かれ、巻き物が開かれると、「7つのラッパ」の預言が開始される。7つのラッパの預言は、巻き物の「内側」に書かれている文字によるものだ。

「封印の幻」が巻き物の外側の文字によるものであるのに対し、「ラッパの幻」は、巻き物の内側の文字によるものなのである。

次に、もうひとつの巻き物=小さな巻き物について見てみよう。

これは「第7のラッパ」の内容を詳しく記した巻き物である。「ヨハネの黙示録」では、第7のラッパは特別なラッパとされ、「神の奥義」が成就するときを示すものとされている。そのため、第7のラッパの内容を詳しく預言するために、もう一度、今度は「小さな巻き物」がヨハネに与えられる。

「私（ヨハネ）は、御使いの手からその小さな巻き物を取って食べた。すると、それは口には蜜のように甘かった。それを食べてしまうと、私の腹はにがくなった。そのとき彼らは私に言った。『あなたはもう一度、もろもろの民族、国民、国語、王たちについて預言しなければならない』」

（「ヨハネの黙示録」第10章10〜11節）

この「小さな巻き物」も、やはり預言の巻き物である。ヨハネはこれを「食べた」。「食べる」という行為は、『聖書』では、自分の内に〝展開〟していくことを意味している。かつてアダムとエバは、善悪を知る木の実を「食べた」。すると、彼らとその子孫の内に「善と悪」が展開していった。頭のなかに善悪の知識を得たということではない。人生とその後の歴史に善と悪が展開していったのである。

預言者エゼキエルも、あるとき預言の巻き物を「食べ」させられている。すると、巻き物に記された預言が彼の内に展開しはじめ、彼の口から次々に預言の言葉が出てきた（「エゼキエル書」第2章）。使徒ヨハネも、「小さな巻き物」を与えられて、それを「食べた」。すると彼の内に預言の言葉が展開しはじめ、神の計画の完成する特別な「第7のラッパ」について、新たな預言を始めたのである。

封印の幻は一種の予告編

われわれはこれまでに、第7の封印の内容として7つのラッパがあり、第7のラッパの内容として7つの鉢があることを見た。ここで、「封印」「ラッパ」また「鉢」の関係はどうなっているのかについて、もう一度よく見てみよう。封印の幻は、預言の「巻き物」の外側の文字によるものであり、ラッパの幻は、内側の文字による。つまり封印の幻は〝予告編〟のようなものであり、ラッパの幻が〝本編〟なのである。

封印の幻は、ちょうど映画の〝予告編〟のようなものなのである。映画館では、よく近日上映の映画の予告編が見せられる。その予告編は、映画のいくつかの場面を人々に見せることにより、実際の映画がどのような雰囲気を持ったものかを示す。それと同様に、封印の幻という〝予告編〟は、終末の時代に関するラッパの幻の〝本編〟に入る前に、そのいくつかの場面を見せるものである。

そして最後の鉢の幻は本編のクライマックスを表す。

7つの封印の幻：予告編
7つのラッパの幻：本編
7つの鉢の幻：クライマックス

なのである。では、封印の幻について、それぞれを詳しく見てみよう。

・第1の封印

第1の封印に表徴される預言的幻は〝勝利〟である。

「小羊（キリスト）が七つの封印の一つを解いたとき……私（ヨハネ）は（預言的幻のうちに）見た。見よ。白い馬であった。それに乗っている者は弓を持っていた。彼は冠を与えられ、勝利の上にさらに勝利を得ようとして出て行った」（「ヨハネの黙示録」第6章1〜2節）

この「勝利」は、終末の時代における福音宣教を象徴するものと思われる。イエス・キリストは、

「この御国の福音は全世界に宣べ伝えられて、すべての国民にあかしされ、それから終わりの日が来ます」（「マタイの福音書」第24章14節）

と述べた。患難時代の苦難のなかでも、「イエスを信じれば救われる」という福音は勝利をおさめていく。

・第2の封印

次に第2の封印の幻は、戦争の多発である。

「第二の封印を解いたとき……別の火のように赤い馬が出てきた。これに乗っている者は、地上か

ら平和を奪い取ることが許された。人々が互いに殺し合うようになるためであった」(「ヨハネの黙示録」第6章4節)

この幻は、地上における戦争の多発を表徴している。イエス・キリストは、

「戦争のことや、戦争のうわさを聞くでしょう。……民族は民族に、国は国に敵対して立ち上がります」(「マタイの福音書」第24章6〜7節)

と述べている。これは、われわれが今問題にしているロシアによるウクライナ侵略や、中国による台湾統一計画、北朝鮮やイランの核開発などを想起させる言葉である。

・第3の封印

第3の封印の幻は、飢饉《ききん》である。

「第三の封印を解いたとき……私は見た。見よ。黒い馬であった。これに乗っている者は量りを手に持っていた。すると私は、一つの声のようなものが……こう言うのを聞いた。『小麦一枡は一デナリ。大麦三枡も一デナリ。オリーブ油とぶどう酒に害を与えてはいけない』」(「ヨハネの黙示録」第

6章5〜6節）

「一デナリ」は、日雇い労働者の1日分の給料に相当する。これは、極端な食糧不足で価格が激しいインフレになったことを述べている。これについてイエス・キリストは、

「方々にききん……が起きます」（「マタイの福音書」第24章7節）

と述べている。

・第4の封印

第4の封印の幻は患難時代のいくつかの場面を伝える予告編のようなものだと述べたが、多くの〝死〟である。

「第四の封印を解いたとき……私は見た。見よ。青ざめた馬であった。これに乗っている者の名は死といい、そのあとにはハデス（よみ＝死者の世界）がつき従った。彼らに、地上の四分の一を、剣とききんと死病と地上の獣（独裁者）によって殺す権威が与えられた」（「ヨハネの黙示録」第6章7〜8節）

患難時代には多くの人々が、戦争や、飢饉や、死病や、世界的独裁者（象徴的に「獣」と呼ばれる）の圧政によって死ぬことになる。第1次世界大戦や第2次世界大戦、その後の戦争、ロシアによるウクライナ侵略など、多くの戦争や武力衝突が、終末の時代には多発することになる。

・第5の封印

第5の封印の幻は、患難時代中の神の民への迫害と、殉教者たちに関する幻である。

「第五の封印を解いたとき、私は、神のことばと、自分たちが立てたあかしとのために殺された人々の魂が祭壇の下にいるのを見た。彼らは大声で叫んで言った。『聖なる、真実な主よ。いつまでさばきを行なわず、地に住む者に私たちの血の復讐をなさらないのですか』。するとと彼らの一人一人に白い衣が与えられた。そして彼らは、『あなたがたと同じしもべ、また兄弟たちで、あなたがたと同じように殺されるはずの人々の数の満ちるまで、もうしばらくの間、休んでいなさい』と言い渡された」（「ヨハネの黙示録」第6章9〜11節）

これについてイエス・キリストは、

「人々は、あなたがたを苦しい目に会わせ、殺します。また、私の名のために、あなたがたはすべ

ての国の人々に憎まれます。……しかし、最後まで耐え忍ぶ者は救われます」（「マタイの福音書」第24章9～13節）

と述べている。

・第6の封印

次は第6の封印の幻だが、われわれはこれにとくに注目すべきだ。この幻は患難時代のあと、千年王国も終わって、天地が過ぎ去り、最後の審判の法廷が開かれるときのものだからである。

「第六の封印を解いた時……天は、巻き物が巻かれるように消えてなくなり、すべての山や島がその場所から移された」（「ヨハネの黙示録」第6章12～17節）

これは明らかに、天地が過ぎ去るとき＝万物更新のときのことを述べている。「患難時代」の後に「千年王国」があり、そののち天地は過ぎ去り、最後の審判の法廷が神の御座において開かれる。第6の封印の幻は、そのときのことまで垣間見せているわけである。

これは「封印の幻」が、〝本編〟預言に入る前の、いわば〝予告編〟だからである。筆者は先に、もし封印の幻が7つ終わったあとにラッパの幻の出来事に入ると考えてしまうと、何がなんだかわからなくなってしまうと書いたが、その理由はここにある。

6つの封印の幻は、本編預言に入る前の、一種の〝予告編〟である。予告編では、終末の時代のおもなトピックスを、いくつか垣間見させてくれている。第6の封印の幻では、万物更新のときのことまで垣間見させている。

・第7の封印

最後に、第7の封印が解かれる。これですべての封印が解かれるので、いよいよ巻き物が開かれ、巻き物の内側に記された〝本編預言〟が開始される。患難時代について、さらに詳しい預言がなされていくことになる。本編預言の各段階は「7つのラッパ」で示されていくのだ。

本編預言＝ラッパの幻

・第1のラッパ

まず第1のラッパに表徴される預言的幻は、地上に対する災いである。

「第一の御使いがラッパを吹き鳴らした。すると、血の混じった雹《ひょう》と火とが現われ、地上に投げられた。そして地上の三分の一が焼け、木の三分の一も焼け、青草が全部焼けてしまった」（「ヨハネ

トランペットを吹き鳴らす7人の天使（上）と、
香炉《こうろ》を手にした天使（下）。

の黙示録」第8章7節）

・第2のラッパ

第2のラッパの幻は、海に対する災いである。

「第二の御使いがラッパを吹き鳴らした。すると火の燃えている大きな山のようなものが、海に投げ込まれた。そして海の三分の一が血となった。すると海の中にいた命のあるものの三分の一が死に、舟の三分の一も打ちこわされた」（「ヨハネの黙示録」第8章8～9節）

・第3のラッパ

第3のラッパは、川に対する災いである。

「第三の御使いがラッパを吹き鳴らした。すると、たいまつのように燃えている大きな星が天から落ちてきて、川々の三分の一とその水源に落ちた。この星の名は苦よもぎと呼ばれ、川の水の三分の一は苦よもぎのようになった。水が苦くなったので、その水のために多くの人が死んだ」（「ヨハネの黙示録」第8章10～11節）

これら第1、第2、第3のラッパの幻に示された災害は、たとえば直径数キロ〜十キロ程度の大隕石、または小惑星が地球に衝突したような際に引き起こされる災害を想起させる。大隕石または小惑星が地球に衝突すると、それは大気圏突入の際に火だるまになって落ちてくるので、巨大な火、または血の塊《かたまり》のように見える。

それが「地上」に落ちれば、巨大な地震を引き起こし、さらには落下地点からかなり広い範囲にまで、猛烈な熱によって多くのものを焼き尽くす。それが「海」に落ちれば、巨大な津波を引き起こすほか、猛烈な熱が多くの海洋生物を死に至らせるだろう。

さらに、落下地点の付近に原子力発電所があるような場合は、それが破壊されて放射能が漏れだし、多くの「川の水を汚染」することになる。

かつてソビエト連邦の一部だったウクライナにおいて、「チェルノブイリ原子力発電所」が爆発事故を起こして放射能が漏れだしたとき、川が汚染されて多くの人が死んだ。この「チェルノブイリ」は、ロシア語で「苦よもぎ」の意味だ。

もし将来、大隕石または小惑星の地上への落下により、原子力発電所が破壊され、放射能が漏れだすことがあれば、人々はかつての「チェルノブイリ発電所」の記憶に従い、それを「チェルノブイリ」（苦よもぎ）と呼ぶに違いない。

実際、今日多くの自然保護団体は、原子力発電所の事故を心配して、「第二、第三のチェルノブイリを起こしてはならない」といって運動を展開している。東北大震災の津波で被災した福島の原発も、「新たなチェルノブイリ」と呼ばれた。

またロシアは、2022年にウクライナ侵攻を始めた際、真っ先にウクライナのチェルノブイリ（ウクライナ語でチョルノービリ）原子力発電所を占拠した。さらに欧州最大の原子力発電所＝ザポリージャ原発を攻撃し、それを支配下に置いた。いったいロシアは、チェルノブイリや福島の悲劇を再現したいのか？

原発の被害は大きな災害を引き起こす。戦争だからといって原発を攻撃するとは、もってのほかである。しかし戦争でなく自然災害で原発が被災した場合でも、被害は非常に広範囲に及ぶだろう。

・第4のラッパ

第4のラッパは何だろうか。

科学者によれば、もし大隕石あるいは小惑星が地球に衝突すると、その衝撃により莫大な量のチリが空高く舞いあげられ、大気上空の成層圏にまで達するという。それは上空で広い範囲をおおい、長い間地上に暗黒をもたらす。

そのため、その期間は太陽や月や星が、地上からはよく見えなくなるだろう。「第4のラッパ」の幻でいわれていることは、そのことかもしれない。

「第四の御使いがラッパを吹き鳴らした。すると太陽の三分の一と、月の三分の一と、星の三分の一が打たれたので、三分の一は暗くなり、昼の三分の一は光を失い、また夜も同様であった」（「ヨハネの黙示録」第8章12節）

じつは、先にイスラエル国家の再建や、第1次世界大戦、第2次世界大戦、疫病、地震、食糧危機、不法の増加、北方の軍事大国ロシア、その他について述べたが、それらに加えてこの第1〜第4のラッパの時期までが、患難時代「前兆期」の出来事に含まれる。

そのあと第5のラッパのとき以降が、患難時代の本体になる。第5のラッパ以降、患難時代の第1期、第2期、第3期が始まる。「ヨハネの黙示録」では第5のラッパは「第1の災い」、第6のラッパは「第2の災い」、第7のラッパは「第3の災い」と呼ばれている。すなわち、

第5のラッパ：第1の災い（患難時代第1期）
第6のラッパ：第2の災い（患難時代第2期）
第7のラッパ：第3の災い（患難時代第3期）

である。患難時代はこれら第1期から、第2期、第3期と進んでいく際に、より激しいものになっていく。

そして第3期において、神のすべての計画の成就のときを迎えることになる。

・第5のラッパ

第5のラッパが鳴らされようとするとき、このような声が聞こえる。

「わざわいが来る。わざわいが、わざわいが来る。地に住む人々に。あと三人の御使いがラッパを吹き鳴らそうとしている」(「ヨハネの黙示録」第8章13節)

第5のラッパは、この第1の災いであり、患難時代第1期(初期)にあたる。その幻は「額に神の印を押されていない人々」=神の民以外の人々に対する災いである。

「彼らは、地の草やすべての青草や、すべての木には害を加えないで、ただ、額に神の印を押されていない人間にだけ害を加えるように言い渡された。しかし人間を殺すことは許されず、ただ五か月の間苦しめることだけが許された。その与えた苦痛は、さそりが人を刺したときのような苦痛であった」(「ヨハネの黙示録」第9章4~5節)

神の民でない者、また、なろうとしない者には「五か月間の苦痛」が与えられるという。これは何か疫病のようなものだろう。人類がまだ経験したことのないような疫病だ。しかし神の民となった者たちは、こうした災害のなかでも守られる。この意味については後述する。

この第5のラッパのあと、次のような声が聞こえる。

「第一のわざわいは過ぎ去った。見よ。この後なお二つのわざわいが来る」(「ヨハネの黙示録」第9章12節)

・第6のラッパ

第6のラッパ＝第2の災い＝患難時代第2期(中期)の幻は、人類の3分の1の人々の死滅と、異邦人によるエルサレム蹂躙《じゅうりん》である。

「これらの三つの災害、すなわち彼らの口から出ている火と煙と硫黄とのために、人類の三分の一は殺された」(「ヨハネの黙示録」第9章18節)

「ヨハネの黙示録」が記された当時(紀元1世紀)、人類の3分の1が一度に死ぬなど、ほとんど考えられないことだった。しかし、核爆弾を持つ現代世界にあっては、それも十分あり得るようになっている。「火と煙と硫黄」という表現は、核爆弾を想起させるものだ。

最近、ニュージーランドのオタゴ大学研究陣は、もし世界に核戦争が起きた場合、「もっとも生き残りやすい国はどこか」という研究結果を発表した。それによると生存の可能性がもっとも高いのは、オーストラリアとニュージーランドだろうという。

それらの国は地理的にロシアや中国、北朝鮮、また他の核保有国から遠いところにある。さらに、食糧自給率やエネルギー自給率等が高く、自給自足も可能なため、その後の人類の文明再建の助けになるだろう、と。

オーストラリア、ニュージーランドのほか、アイスランド、ソロモン諸島、バヌアツなども上位に入っている。日本が入っていないのは残念なことだ。けれども日本は、ロシア、中国、北朝鮮という「世界三大危険国」すべてを隣国とする国だから、仕方がないといえばそうかもしれない。

ロシアも中国も北朝鮮も、核大国だ。このような研究がなされるということ自体、核戦争の脅威が高まっていることを意味している。皆が現実的問題として考えるようになっているのだ。

核兵器には、攻撃目標が大規模な「戦略核」（大型）と、小規模な「戦術核」（小型）がある。小規模な戦術核といっても、一都市を破壊できるほどの威力がある。戦略核兵器の保有数では、アメリカがロシアを上まわっているものの、戦術核の保有数ではロシアが圧倒的に世界一だ。実際のところ核兵器という点で、ロシアほど危険な国はほかにない。

さらに、この大災害に続いて聖都エルサレムが3年半にわたって踏みにじられる、という出来事が起きるという。


「彼ら（異邦人）は、聖なる都を四二か月の間踏みにじる」（「ヨハネの黙示録」第11章2節）

しかし、異邦人に踏みにじられているこの「四二か月」＝3年半の間においても、神のふたりの預言者がエルサレムに現れ、預言活動をする。そのころ、「獣」と象徴的に呼ばれる独裁者も現れているが、その3年半の間は、ふたりの活動を妨げることはできない。

ふたりの預言者は、神のメッセージを人々に語ることだろう。けれども3年半の最後に、彼らふたりの預言者は、そのころ力を持つようになる暴君＝独裁者（獣）に殺される。しかし死の3日半後に甦り、人々の見るなかで昇天するという（「ヨハネの黙示録」第11章11〜12節）。

この「獣」＝独裁者が、ロシアの人物であるかどうかは定かではない。けれども、患難時代の世界に勢力を持つ北方の軍事大国ロシアが、少なくとも「獣」の背後にいる可能性はある。

一方、患難時代に現れる神のこのふたりの預言者とはだれか。初期キリスト教のある文書には、エノクとエリヤではないか、と書かれている。エノクはノアの大洪水以前の人、エリヤは大洪水以後の人だが、両人とも「死を見ずに天に上げられた」人である。彼らは死を経験していない。しかし終末の時代に、エルサレムに再び預言者として現れ、そのときに死を経験するだろうという。

・第7のラッパ

最後の第7のラッパ、すなわち第3の災い＝患難時代第3期（末期）の幻は、患難時代のクライマックスに関するものである。

第7のラッパは、使徒パウロが「終わりのラッパ」（「コリント人への第一の手紙」第15章52節）といい表したものであり、もっとも重要なものだ。第7のラッパが吹かれると、次々に驚くべき出来事の預言的幻が示される。

3年半活動する「獣」（悪の独裁者）のこと、キリストの再臨、神の民の携挙（「ヨハネの黙示録」第14章3節）、そしてキリストによって地上の悪に対して下される審判（「ヨハネの黙示録」第14章19節）などに関する預言的幻である。これらのことが、第7のラッパのとき――すなわち患難時代の末期（第3期）に起きる。

「ヨハネの黙示録」にはそののち「7つの鉢の災害」が記されているが、先に述べたようにこれは第7のラッパの内容の一部である。地上の悪に対する神の裁きは、「7つの鉢の災害」として示されている。

「七人の御使いが、最後の七つの災害を携えていた。神の激しい怒りは、ここに窮まるのである」（「ヨハネの黙示録」第15章1節）

「7つの鉢の災害」は、第7のラッパの幻のなかで起きることであって、〝本編〟預言のクライマックス部分だ。それ以前の災害の多くは「人類の悪が高じることによる災害」だった。しかし7つの鉢の災害は、それら人類の悪に対する神の裁きとして起きる。

「ヨハネの黙示録」では、まず封印の幻という〝予告編〟があり、次にラッパの幻という〝本編〟預言があり、最後に鉢の幻という〝クライマックス〟の記述がある。では、最後の「鉢の災害」とはどのようなものか見てみよう。

7つの鉢は神の怒り

「鉢」で表徴される預言的幻について見てみよう。

・第1の鉢

第1の鉢は、獣（独裁者）を拝む人々に対する悪性のはれものの災いである。

「第一の御使いが出て行き、鉢を地にむけてぶちまけた。すると、獣の刻印を受けている人々と、獣の像を拝む人々に、ひどい悪性のはれものができた」（「ヨハネの黙示録」第16章2節）

患難時代には、「獣」と象徴的に呼ばれる暴君が現れる。彼は、彼の所有であることを示す「刻印」を人々につけ、また自身の像を置いてそれを拝ませる。しかし、そうやって獣に従う人々には悪性のはれものができる。

・**第2の鉢**

第2の鉢は、海への災いである。

「海は死者の血のような血になった。海の中のいのちのあるものは、みな死んだ」(「ヨハネの黙示録」第16章3節)

かつて第2のラッパのときには、海のなかで死んだのは「3分の1」だった。しかし第2の鉢のときには、その残りもすべて死ぬことになる。

・**第3の鉢**

第3の鉢は、川と水の源への災いである。

「第三の御使いが、鉢を川と水の源にぶちまけた。すると、それらは血になった」(「ヨハネの黙示録」第16章4節)

・**第4の鉢**

第4の鉢は、太陽の炎熱である。

「太陽は火で人々を焼くことを許された。こうして人々は、激しい炎熱によって焼かれた。しかも彼らは、これらの災害を支配する権威を持つ神の御名に対してけがしごとを言い、悔い改めて神をあがめることをしなかった」（「ヨハネの黙示録」第16章8〜9節）

これは炎天下のもと、何らかの要因が重なって、気温が激しく上昇することを意味しているように思える。この災害も、獣とともにいる人々に下る。

・第5の鉢

第5の鉢は、暗黒である。

「獣の国は暗くなり、人々は苦しみのあまり舌をかんだ。そしてその苦しみと、はれものとのゆえに、天の神に対してけがしごとを言い、自分の行ないを悔い改めようとしなかった」（「ヨハネの黙示録」第16章10〜11節）

炎天下の次には、黒雲が何日も覆う日が続く。そのため、気温が極度に下がり、人々は苦しみもだえることだろう。

・第6の鉢

第6の鉢は、ハルマゲドンの戦いへの準備である。

「（大ユーフラテス川の）水は、日の出るほうから来る王たちに道を備えるために、かれてしまった。……彼ら（悪霊）は、ヘブル語でハルマゲドンと呼ばれる所に、王たちを集めた」（「ヨハネの黙示録」第16章12〜16節）

ハルマゲドンとは、メギドの丘という意味で、イスラエル北部の広大な土地である。そこに多くの軍隊が、イスラエルに攻めいるために集結する。

ロシアはじつはいま、ハルマゲドン＝メギドの丘に隣接する国＝シリアに強い影響力を持っている。ロシアがシリアに達すれば、ハルマゲドンの地は、もう目と鼻の先である。そこには、ロシアだけでなく、ロシアに追随する同盟国らが集結することだろう。

中国や北朝鮮の軍隊も、「一帯一路」の現代のシルクロードを通って、そこに集結するのかもしれない。そこには神に敵対する多くの軍隊が集結する。それはイスラエルに攻め入るためだ。イスラエルはそのころに、彼らに対し「憎き敵」となっているのだろう。もしくは、彼らの世界戦略上、どうしてもイスラエルの地を抑えることが必要となるのだろう。

ところがそうしたなか、突如天が開かれ、キリストが空中に現れて彼らを滅ぼされるという。つまり「ハルマゲドンの戦い」とは、人類絶滅の戦いではなく、また人間同士の戦いでもなく、キリストと天の軍勢による地上の悪の勢力への「裁き」である。それはキリストと天の軍勢の勝利をもって終結する。

・第7の鉢

それに続く最後の第7の鉢は、巨大地震、その他の天変地異、および大バビロン（終末の時代に世界を支配する都）の滅亡である。

「大きな地震があった。この地震は、人間が地上に住んで以来、かつてなかったほどのもので、それほどに大きな強い地震であった。また……大バビロンは、神の前に覚えられて、神の激しい怒りのぶどう酒の杯を与えられた。島はすべて逃げ去り、山々は見えなくなった。また一タラント（約三五キログラム）ほどの大きな雹が、人々の上に天から降ってきた。人々は、この雹の災害のため、神にけがしごとを言った」
（「ヨハネの黙示録」第16章18〜21節）

これら天変地異については、イエス・キリストも次のように預言している。

「その時には、世の初めから今に至るまで、いまだかつてなかったような、またこれからもないような、ひどい苦難があるからです。……太陽は暗くなり、月は光を放たず、星は天から落ち、天の万象は揺り動かされます」（「マタイの福音書」第24章21、29節）

・キリストの再臨

第7の鉢が終わると、ハルマゲドンの地で空中に現れ、さらに大バビロンをはじめ地上の悪の勢力を滅ぼしたキリストは、地上に降下してくる。そして彼はまずエルサレムの地に立つだろう。キリストは地を清め、至福の王国の建設に取りかかる。

以上見てきたように、患難時代はとくに末期（第3期）になると、激しい天変地異も起きるようになる。患難時代の苦難は、初期（第1期）から末期（第3期）にかけて、だんだんと激しいものになる。しかし、このような苦難のなかで、神を愛する「神の民」はいったいどうやって守られるのだろうか。ここではただ、イエスが語った次の約束だけを見ておこう。

「あなたが、私の忍耐について言ったことばを守ったから、私も、地上に住む者たちを試みるために、全世界に来ようとしている試練の時には、あなたを守ろう」（「ヨハネの黙示録」第3章10節）

「もし（苦難の）日数が少なくされなかったら、ひとりとして救われる者はないでしょう。しかし、選ばれた者（神の民）のために、その日数は少なくされます」（「マタイの福音書」第24章22節）

「あなたがたの髪の毛一筋も失われることはありません。あなたがたは忍耐によって、自分のいのちを勝ち取ることができます」（「ルカの福音書」第21章18～19節）

「あなたがたは、やがて起ころうとしているすべてのことからのがれ、人の子（キリスト）の前に立つことができるように、いつも油断せずに祈っていなさい」（「ルカの福音書」第21章36節）

患難時代のまとめ

以上、われわれは「ヨハネの黙示録」をどう読んだらいいかについて見てきた。さらに『聖書』は、福音書におけるイエスの預言、パウロやペテロの手紙、「ダニエル書」「イザヤ書」「エゼキエル書」そのほかにおいて、終末に関して多くのことを述べている。それらをふまえたうえで、まとめの意味でも、もう一度、患難時代の全体像を俯瞰《ふかん》してみよう。

これら『聖書』の預言をすべて総合してみると、患難時代は、前兆期→第1期（初期）→第2期（中期）→第3期（末期）というように進んでいくことがわかる。

・前兆期

前兆期には、イスラエル国家の再建（1948年）、世界大戦（全面戦争）、偽キリスト、偽預言者の出現、疫病、飢饉、地震、不法の増加、世界的な福音宣教等のことが起きる。

イエスはまた「戦争と戦争のうわさとを聞くであろう」と述べているから、多くの局地戦争も起きる。ロシアによるウクライナ侵略、中国による台湾侵略計画、好戦的な北朝鮮の動向などもすべて、前兆期の事柄だ。前兆期は、こうしたことが繰り返し起こる時期である。だから数年や数か月といった短い期間ではなく、ある程度長い期間ということになる。現在は前兆期なのである。われわれは今、この前兆期の真っ只中にいる。

この前兆期は、終わりごろになると第1のラッパ～第4のラッパの出来事も起きる。それらが起きれば、前兆期は終わって患難時代第1期に突入すると考えなければならない。

・第1期（初期）

前兆期ののち、患難時代の第1期は、ヨハネの黙示録で「第5のラッパ」＝「第1の災い」と呼ばれている時期である。これは神の民になろうとしない人々に対し、5か月間、疫病か何かによる苦痛が与えられるときだ。その苦痛は激しく「人々は死を願うが、死が彼らから逃げていく」という。それは人類がこれまで経験したことのないような苦痛だから、第1期の明確なしるしとなる。そのような苦痛、もしくは疫病が始まったら、患難時代第1期に入ったと知るべきである。

また、明確な時期はわからないが前兆期から第1期までの間に、エルサレムのユダヤ教神殿＝第三神殿が再建されるはずである。というのは、黙示録によればユダヤ教神殿は第2期以降において踏み荒らされると預言されている。だから前兆期～第1期の間に再建され、しばらくの間ユダヤ人はそこで祭儀を続けると予想される。

さらに、前兆期～第1期の間に、かつてのローマ帝国の末裔の国々から「北方の軍事大国」および「10か国の軍事的同盟国」が現れるだろう。それは先に述べたように、ロシアと、ロシアに追随する国々と思われる。それらの国々は、第2期以降において、世界を揺るがす存在となる。

また、前兆期～第1期の間に、「獣」と象徴的に呼ばれるひとりの人間が、横暴な独裁者として世界のどこかに誕生し、出現する。それはおそらくロシアにおいてか、あるいは中東地域のどこかではないかと筆者は想像しているが、明確なことはまだわからない。

それがいったいだれなのかは、そのときになって初めてわかることである。獣の特徴は、明確にいくつものことが預言されているから、実際にその人物が現れれば、『聖書』を読む者には、すぐそれとわかるだろう。獣は、前兆期～第1期の間に誕生し、すでにある程度の力は持ちはじめることになる。

・第2期（中期）

次に患難時代の第2期は、「ヨハネの黙示録」でいう「第6のラッパ」＝「第2の災い」の期間である。そのとき、「火と煙と硫黄とのために人類の3分の1が殺される」という出来事が起きるという。これは先に述べたように、核戦争だろうと思われる。

ロシアとその同盟国の多く、イランも中国も北朝鮮も、核兵器を多く持っている。それらが使われる可能性もある。こういう戦争は、たいてい偶発的な出来事や、陰謀的な工作、独裁者の無謀、また少数の人間の愚かな行動等で始まってしまうものだ。

人類が核兵器を持っている限り、それらはいずれ使われることだろう。人類の無謀さや愚かさを軽視してはいけない。それらは人類の歴史のなかに、いつも、とんでもない出来事を引き起こしてきたのだ。

こうして人類の3分の1が死滅するほどの災難が起きると、世界は一層混沌とする。ほとんどの国で無政府状態が生まれ、秩序は踏み荒らされ、不法が世界に広がるだろう。あの聖都エルサレムも、異邦人によって踏み荒らされるという。イエスは預言としてこう語っている。


「エルサレムが軍隊に囲まれるのを見たら、そのときには、その滅亡が近づいたことを悟りなさい。……人々は剣の刃に倒れ、捕虜となってあらゆる国に連れていかれ、異邦人の時の終わるまで、エルサレムは異邦人に踏み荒らされます」(「ルカの福音書」第21章20節)

エルサレムは「異邦人の時」と呼ばれる期間、異邦人に踏み荒らされる。そのためこの聖都は、昔のソドム・ゴモラのように乱れた街と化すだろう。エルサレムが踏み荒らされるこの「異邦人の時」とは、3年半である。なぜなら、

「彼ら（異邦人）は、聖なる都を四二か月の間踏みにじる。……第二のわざわいは過ぎ去った」（「ヨハネの黙示録」第11章2節、11章14節）

と記されている。42か月すなわち3年半の間、異邦人の軍隊はエルサレムを踏み荒らす。こうして患難時代第2期は、約3年半続くことになる。

彼ら「異邦人」たちとは、ロシアと、ロシアに追随する同盟国の軍隊に違いない。実際、2022年に始まったロシアによるウクライナ侵略においても、イスラエルはロシアを非難し、ウクライナを援助している一方、ロシアはさまざまなことでイスラエルを非難し、対立している。

ロシアに追随するイランも、強烈な反イスラエル国家として有名だ。イランは核開発をしていると疑われているが、その核開発はイスラエルを標的としたものである。

ロシアに追随するシリアも、反イスラエル国家である。シリアは、ロシアだけでなく北朝鮮とも仲がいい。シリアは北朝鮮から大量に武器を買っている。それは北朝鮮の大きな資金源にもなっている。シリアのアサド大統領と、北朝鮮の金正恩《キム・ジョンウン》最高指導者は、互いに祝電やエールを頻繁に交換する仲である。金正恩も、「イスラエルは抹殺されるべき」との発言をしている。

中国も、ウクライナ侵略をするロシアを援助し、ロシアとの結びつきを深めている。ロシアがイスラエル侵略を志すときには、中国もロシアと行動をともにするに違いない。

第2期のこの3年半の間、神から遣わされたふたりの預言者が、エルサレムに現れ、神からのメッセージを人々に語る。

「私が私のふたりの証人に許すと、彼らは荒布を着て千二百六十日（三年半）の間預言する。彼らに害を加えようとする者があれば、火が彼らの口から出て、敵を滅ぼし尽くす。彼らに害を加えようとする者があれば、必ずこのように殺される」（「ヨハネの黙示録」第11章3～5節）

また彼らふたりの預言者は、雨が降らないようにするなど、奇跡を行う力を持っている。ふたりは、荒らされたエルサレムで人々に「悔い改めよ。神の御国は近づいた」等と語るのだろう。

しかしその3年半の預言活動ののち、獣と呼ばれる独裁者が力を持つようになり、ふたりの預言者は獣に殺される。ところが、ふたりは死んで3日半ののちに復活し、雲に乗って昇天する。

さらに大地震が起こって、都エルサレムの10分の1が倒れる。その地震のために7000人が死に、生き残った者たちも恐怖におののくという。

このふたりの預言者の活動も、第2期の大きな特徴である。そのしるしを見誤ることはないだろう。明確なしるしだからだ。それは、患難時代のクライマックス＝第3期（末期）が目前に迫ったことのしるしなのである。

かつてイエス・キリストの初臨のときには、その道備えをする者としてバプテスマのヨハネが現れた。同様に、イエス・キリストの再臨の前には、その道備えをするために神のふたりの預言者が現れることになる。

・第3期（末期）

最後に患難時代の第3期は、「ヨハネの黙示録」でいう「第7のラッパ」＝「第3の災い」のときである。第3期は、イエスが次のように述べた時代だ。

「これらの日の苦難に続いてすぐに、太陽は暗くなり、月は光を放たず、星は天から落ち、天の万象は揺り動かされます。そのとき人の子（キリスト）のしるしが天に現われます。すると地上のあらゆる種族は、悲しみながら、人の子が大能と輝かしい栄光を帯びて天の雲に乗って来るのを見るのです。

人の子は大きなラッパの響きとともに、御使いたちを遣わします。すると御使いたちは、天の果てから果てまで、四方からその選びの民（神の民）を集めます」（「マタイの福音書」第24章29～31節）

これは、「ヨハネの黙示録」では第7のラッパ（第3期）の出来事として語られていることである。第3期には天変地異、「獣」の国への災い、キリストの再臨、神の民の天への携挙、大バビロン（地上に君臨する悪の都）の滅亡、ハルマゲドンの戦い等が起こる。

また、「7つの鉢」の出来事も皆、第7のラッパのなかの出来事だから、それらも第3期の出来事として起こる。それは地上の悪の勢力に対する裁きとしての災害である。

第三期は、「神のさばきの時」（「ヨハネの黙示録」第14章7節）、「御怒りの日」（「同」第11章18節）と呼ばれている。人類の悪は第1期、第2期にかけて増大するが、ついに第3期に至って神の御怒りが現され、キリストが再臨して、地上に裁きが下されることになる。

第3章

キリストの再臨

人類の希望

イエス・キリストの再臨とは何か。詳しく見てみよう。

「再臨」とは、再来ということである。2000年前にイスラエルの地に降誕したイエス・キリストが、将来、再び来られるという。だから再来という言葉でよいのだが、日本では昔から、再来よりも「再臨」という言葉が多用されてきた。国語学者によると、「臨む」という言葉は、単なる「来る」という言葉よりも強い意味を持っている。

日本にはしばしば、外国の首相や大統領、王などが国賓として来日する。しかし、キリストが再びこの世に来るとき、彼は王の王、主の主（King of kings, Lord of lords）として巨大な天の勢力を率いて来る。だからキリストが来るありさまは、単に「来る」というより、大きな勢力を率いて地上に「臨む」といったほうが適切だと考えられている。そのために「再臨」という言葉が用いられている。

では、キリストは何のために再臨するのだろうか。

キリストが再臨する第一の目的は、世界の悪に終止符を打つためである。終末の時代になると、世界は自己の持つ多くの矛盾のゆえに、さまざまな面で〝末期症状〟を呈するようになる。悪は栄え、人類はかつてない苦難と痛みのときを迎える。キリストはその人類の悪に終止符を打つために再臨する。

キリストの再臨の第二の目的は、地上に自身の「千年王国」を樹立するためである。真の楽園は、人類の間に、エデンの園以来存在していない。そこで、この世が過ぎ去って新天新地が創造される以前に、キリストは、エデンの園の至福の状態を世界的規模で回復した地上の王国を、1000年にわたって築くという。だからキリストの再臨は、人類の希望といっていい。かつて英国のビクトリア女王は、キリストの再臨について牧師から話を聞いたとき、こう語っている。

「私が生きている間にキリストが来られたら、と思います。そうしたら私は、自分の王冠を取って、彼の足もとに置くでしょう」

天が開けて再臨する

キリストは、どうやって、またどこから再臨するのだろうか。

彼はやがて、天国からやって来るという。宇宙の果てから来るということではない。『聖書』によれば天国は、われわれのすぐ近くにあるからだ。ただし、天国はわれわれの物質界とは次元が違うので、肉眼では見えない。

『旧約聖書』には、天国がわれわれの間近に存在することを明確に示す出来事が記されている。預言者エリシャとその従者がある朝起きてみると、彼らの町の周囲を敵国の軍隊が取り囲んでいた。若い従者は震えおののき、エリシャにいった。

「ああ、ご主人様。どうしたらよいのですか」

しかしエリシャは、

「恐れるな。私たちとともにいる者は、彼らとともにいる者よりも多いのだ」

そういって、天を見上げて祈った。

「どうぞ、彼の目を開いて、見えるようにしてください」

すると、「主がその若い者の目を開かれたので、彼が見ると、なんと（天の）火の馬と戦車が、エリシャを取り巻いて山に満ちていた」（「第二列王記」第6章17節）のだ。

従者の霊の目が開かれると、天の軍勢が彼らを取り巻いているのが見えた。天の軍勢は肉眼では見えなかったが、彼らの間近にあったのである。天国は現在、肉眼では見えない状態にあるが、すぐ近くにある。キリストはやがて、そこから来る。そのときのことを使徒ヨハネは、預言的幻のうちに見せられて、こう記している。

「私は、開かれた天を見た。見よ。白い馬がいる。それに乗った方（キリスト）は、『忠実また真実』と呼ばれる方であり、義をもって裁きをし、戦いをされる」（「ヨハネの黙示録」第19章11節）

キリストが再臨するときには天が「開かれ」る。それは部分的に肉眼で見える状態にされ、その「開かれた天」からキリストが出現するという。すなわち、キリストはいまも、遠く宇宙の果てにいるわけではない。彼は見えない天国におり、われわれのすぐ近くにいる。キリストはそこで、やがて地上に自身の完全な支配権を伸ばすべきときを待っておられる。

かつてキリストがオリーブ山から昇天し、天国に帰ったときのことを『聖書』はこう記している。

「イエスは、彼らが見ている間に上げられ、雲に包まれて、見えなくなられた」(「使徒の働き」第1章9節)

イエスは弟子たちの見ているなかを、空中に上げられた。そして雲に包まれたので、弟子たちの視界からは見えなくなった。と同時にイエスは天界に入ったので、人の肉眼では見えない状態になったのだという。このときイエスは、宇宙の果てまで飛んでいったわけではない。肉眼では見えないが、すぐ近くにある天国の世界に、移行しただけなのである。

イエスが昇天されたとき、天使がふたり現われ、弟子たちにこう告げた。

「なぜ天を見上げて立っているのですか。あなたがたを離れて天に上げられたこのイエスは、天に上って行かれるのを、あなたがたが見たときと同じ有り様で、またおいでになります」(「使徒の働き」第1章11節)

イエスは昇天の際に、見えない天国に自身の存在を移行した。それと同様に再臨の際には、その見えない天国から、見える地上界に自身の存在を移行することによって、人々の前に出現するだろう。したがって再臨の際に、イエスは「女の胎《はら》」から生まれて出現することは決してない。彼は超自然的な方法で、天からやって来る。それは、きわめて驚くべき出現のしかただ。

「(終末が近づいたとき)『そら、キリストがここにいる』とか、『そこにいる』とか言う者があっても、信じてはいけません」(「マタイの福音書」第24章23節)

とイエスは述べている。キリストの再臨は、人に教えてもらわなければわからないようなものではないのだ。空にいなずまが走れば、「あっ、いなずまだ」とだれにでもわかるだろう。それと同様にキリストが再臨すれば「あっ、キリストだ」と、だれにでもすぐわかる。

つまりだれかに「ここにキリストがおられますよ」とか、「あの方がキリストですよ」とか教えてもらう必要はまったくない。だから、だれかに「あの人が再臨のキリストです」といわれても、決して信じてはいけない。それは偽キリストだからである。

本当の再臨のキリストは、女の胎から生まれた者のなかにはいない。統一教会(現・世界平和統一家庭連合)の創始者・文鮮明《ムン・ソンミョン》は、自分は再臨のキリストだとしたが、それはこの意味でもあり得な

イエス・キリストの昇天。イエスはこの昇天のときと同じありさまで再臨するという。

い。彼は伝統的キリスト教会からは、偽キリストと見られている。本物のキリストではないからこそ、「安倍元首相を暗殺したい」と山上容疑者に思わせるほどにひどい家庭崩壊を、統一教会信者の家庭に作りだしたのである。

キリストは、昇天のときと同じ有り様で天からくだって来る。キリストは2000年前に、エルサレムのオリーブ山から昇天した（「使徒の働き」第1章12節）。彼は再臨の際にも、オリーブ山に立つことだろう。こう預言されている。

「その日、主の足は、エルサレムの東に面するオリーブ山の上に立つ。オリーブ山は、その真ん中で二つに裂け、東西に延びる非常に大きな谷ができる。山の半分は北へ移り、他の半分は南へ移る」（「ゼカリヤ書」第14章4節）

来たるべき日に、ヤハウェなる神は、御子イエス・キリストにおいて地上に来られる。キリストは、父なる神ヤハウェと一体の者として、エルサレムから、全地に神の支配権を伸ばすのである。

キリスト初臨と再臨前後の歴史

次にイエス・キリストの再臨について、少し歴史的な観点から見てみよう。じつは、キリストの初臨と再臨の前後の時代には、一連の似た出来事が起きる。初臨の前後に起きた出来事と同様のことが、少し形を変えて再臨の前後にも起きる。はじめに、キリストの初臨の前後にどんなことが起きたかを、見てみよう。それは、6段階におよぶ出来事から成っていた。

第一段階は、紀元前586年のエルサレム滅亡の出来事だった。これはキリスト初臨の約600年前のことである。紀元前606～同586年に、バビロン帝国（新バビロニア帝国）がイスラエルの地に数度にわたって攻め入り、民を捕らえてバビロンへ連れ去った。

いわゆる「バビロン捕囚」である。

このとき都エルサレムは火で焼かれ、無惨にも荒廃してしまった。神殿（ソロモン神殿。第一神殿ともいう）も破壊され、あとかたもなくなった。

次に第二段階は、バビロンに連れ去られたこのユダヤの民が、捕囚先から帰還したことである。ユダヤ人を捕囚としたバビロン帝国は、やがてペルシア帝国に滅ぼされたからだ。ペルシア帝国はユダヤ人の帰還を許し、ユダヤ人らは故郷パレスチナに帰還した（第一次帰還は紀元前536年で、以後も数度にわたって帰還）。

第三段階は、神殿の再建である。バビロンからエルサレムに帰還した民は、ゼルバベルの指導により神殿を再建した（紀元前516年）。これがゼルバベル神殿、または第二神殿と呼ばれるものである。

次に第四段階に入る。紀元前2世紀になり、第二神殿すなわちゼルバベルの神殿が、異邦人に踏み荒らされるという出来事が起きた。シリアの王アンティオコス4世・エピファネスという悪名高い人物が、ユダヤを征服し、その聖なる神殿を踏み荒らしたのだ。

彼は、こともあろうに、ユダヤの神殿にゼウス神（ギリシアの神）の祭壇を設けた。そこに偶像を設置したのである。じつは、これが起きる400年ほど前に、預言者ダニエルがこの偶像を「荒らす憎むべきもの」と呼び、次のように預言していた。


「彼（エピファネス）から軍勢がおこって、神殿と城郭を汚し、常供の燔祭を取り除き、荒らす憎むべきものを立てるでしょう」（「ダニエル書」第11章31節）

この「荒らす憎むべきもの」が第四段階である。ユダヤの神殿はけがされ、荒廃してしまい、長い間そのままだった。

しかし紀元前20年ごろになって、ときのユダヤ地方の領主ヘロデ大王は、この神殿を修理増築し、再建することに着手した。これが、ヘロデ神殿と呼ばれるものである。これはゼルバベル神殿とまったく別のものではなく、それを修理増築したものであったので、ゼルバベル神殿と同様、第二神殿とも呼ばれている。

そののち、イエスが世に降誕した（紀元前4年）。このイエス初臨が、第五段階である。本来、イエス降誕の年を「紀元」として西暦を定めたのだが、そののち計算違いがわかって、イエス降誕は「紀元前4年」ということになった。

さらにその後、西暦70年になると、エルサレムでユダヤ人の反乱が起きたため、ローマ軍はエルサレムを攻撃し、エルサレムを完全に破壊した。ヘロデ神殿もそのとき炎上し、壊滅させられている。このエルサレム滅亡が、第六段階の出来事である。

じつは、この西暦70年のエルサレム滅亡のとき、イエスの弟子達＝キリスト者はひとりも死ななかった。彼らは、「エルサレムが軍隊に包囲されるのを見たならば……ユダヤにいる人々は山へ逃げよ」（「ルカの福音書」第21章20～21節）という主イエスの言葉を聞いていたので、皆、ヨルダン川の向こうのペレアに避難していたからである。

以上見たように、キリスト初臨前後において出来事は、

①エルサレム滅（ソロモン神殿滅）
②ユダヤ人帰還
③神殿再建
④荒らす憎むべきもの
⑤イエス初臨
⑥エルサレム滅（ヘロデ神殿滅）

という順序で起きた。そしてじつは同様のことが、この順序で、キリスト再臨前後の歴史においても起きる。

ここで重要なことは、①ソロモン神殿滅亡の日と、⑥ヘロデ神殿滅亡の日が、同日であったこ

とだ。

初臨前後の歴史の起点となる①ソロモン神殿滅亡の日（紀元前600年ごろ）は、『聖書』の記録によると（「エレミヤ書」第52章12節／「第二列王記」第25章8節）、ユダヤ暦第5月（アブの月）の7日〜10日ごろだった。また初臨前後の歴史の終点であり、かつ再臨前後の起点ともなる⑥ヘロデ神殿滅亡の日（西暦70年）は、歴史学のうえで第5月の9日であったことが知られている。

ソロモン神殿（第一神殿）滅亡の日と、ヘロデ神殿（第二神殿）滅亡の日は、奇しくもほとんど同日、あるいはまさしく同日だったわけである。ユダヤ人の伝承においても、両神殿の滅亡の日は同日だったとされている。

今日もユダヤ教徒は、第5月の9日を「ティシュア・ベアブ」と呼び、第一神殿および第二神殿滅亡の日として嘆き、断食する習慣を持っている。つまり、あたかも両神殿滅亡以後の歴史が同様の歴史になるということを示すかのように、両神殿は同じ日に滅亡したことになる。

再臨前後の歴史

次は、キリスト再臨前後の歴史を見てみよう。これも6つの段階から成っている。そしてこれは、初臨前後に起きた歴史にきわめて類似する。

キリスト再臨前後の歴史の第一段階は、西暦70年のエルサレム滅亡である。当時建っていたヘロデ神殿は、ソロモン神殿と同日に破壊された。そしてユダヤ人は、この日以来、全世界に離散したのである。

第二段階は、このユダヤ人の全世界からの帰還である。かつてバビロン捕囚の民が長い年月ののちに帰還して、エルサレムを再建したように、彼ら離散のユダヤ人は、19世紀後半から故国に帰還しはじめ、ついに1948年、イスラエル共和国を建国した。

さて、ここまでは皆すでに起きたことであり、過去に属する事柄である。次に段階は未来に入る。それは、キリスト再臨前後の歴史における第三段階である。

第三段階は、エルサレムにユダヤ教の神殿が再建されることである。というのは、キリストは、自身の再臨のときが近づいた時代には、

「預言者ダニエルによって言われた荒らす憎むべきものが、聖なる場所（神殿）に立つ」（「マタイの福音書」第24章15節）

と述べている。だからキリストの再臨が近づいた時代には、エルサレムにユダヤ人の神殿が存在していなければならない。しかし今日、ユダヤ人は、自分たちの神殿を持っていない。かつて第一神殿、および第二神殿があった場所＝モリヤの丘には、現在イスラム教の建造物が建っている。その丘に、やがてユダヤ教の「第三神殿」が建てられなければならない。

ユダヤ教徒が、エルサレムの「嘆きの壁」の前で祈る姿は有名だ。彼らはそこでいったい何を祈っているのだろうか。彼らは神殿が再建されることをひたすら祈っている。今日、神殿再建への願望は、ユダヤ人の間でますます高まっている。神殿が再建されたときに、第三段階が成就する。

次に第四段階の出来事は、独裁者＝「獣」の出現、および、再建されたエルサレム神殿に再び「荒らす憎むべきもの」が立てられることである。

イエスは、終末や自身の再臨が近くなったときには、その前兆として、

「エルサレムは、異邦人の時期が満ちるまで、彼ら（異邦人）に踏みにじられているであろう」（「ルカの福音書」第21章24節）

と述べている。またそのときには、

「預言者ダニエルによって言われた、荒らす憎むべきものが聖なる場所（神殿）に立つ」（「マタイの福音書」第24書15節）

のだと。イエスは、終末の近づいた時代に「荒らす憎むべきもの」がもう一度神殿に立つ、と述べたわけである。すなわち、第三神殿建造後ユダヤ人はしばらくそこで祭儀を続けるが、そのの

ちエルサレムは異邦人の軍隊によって踏み荒らされる。神殿も荒らされ、そこに「荒らす憎むべきもの」が立てられるという。

「荒らす憎むべきもの」とは、紀元前2世紀のエピファネスのときと同じように、偶像のことだろう。「ヨハネの黙示録」は、終末の時代に「獣」と呼ばれる世界的独裁者（反キリスト）の彫像が造られること、また人々がそれを拝むことを、預言している。

「（獣に仕える偽預言者は）あの獣の像を造るように、地上に住む人々に命じた」（「ヨハネの黙示録」第13章14節）

この「獣の像」が、「荒らす憎むべきもの」だろう。さらに「獣」（独裁者）自身も「荒らす憎むべきもの」となる。

「（獣は）自ら神の宮に座して、自分は神だと宣言する」（「テサロニケ人への第二の手紙」第2章第4節）

かつて紀元前2世紀にエピファネスがゼウス神の偶像を神殿に立てたように、終末の「獣」も、自分の像を神殿に立てることだろう。またエピファネスがユダヤ教の根絶に最大の努力をはらったように、終末の「獣」は、ユダヤ教とキリスト教の根絶に最大の努力をはらうに違いない。「獣」

はエピファネスがなしたと同様のことをする。

エピファネスがエルサレムを踏みにじったとき、その期間は〝約3年半〟だった。当時の様子を記した記録である『マカベア書』（古代ユダヤ文書）によると、エピファネスがエルサレムを本格的に踏みにじりはじめたのは、紀元前167年のことだった（何月かは不明）。そして「しばらくして」、その年の12月に、彼はゼウス神の祭壇を神殿に設置した。

神殿は、遊女の歓楽するところとなり、淫乱と遊興に満たされた。その後反乱が起きて、「マカベアのユダ」という指導者によって、エルサレムはユダヤ人に奪回され、神殿は清められた。紀元前164年12月のことである。これが、今日もユダヤ人が祝っているハヌカの祭（宮清めの祭）の起源だ。

このように、エピファネスによってエルサレムが踏みにじられた期間は、3年と数か月であり、約3年半だった。同様に終末の時代に、「獣」は3年半の間、エルサレムを踏みにじる。

「彼ら（異邦人）は聖なる都（エルサレム）を四二か月の間、踏みにじる」（「ヨハネの黙示録」第11章2節）

「四二か月」――すなわち3年半である。エルサレムは終末の日に、その期間、再び踏みにじられる。

次に、時は第五段階に入る。キリストが再臨するのである。キリストは、「王の王」「主の主」

として再臨するという。

キリストは再臨すると、自身の支配権を全地にまで伸ばす。

最後は、第六段階だ。キリストは、自身の力強い御手によって、全地に審判を下す。彼は世界の悪を一掃し、悪に終止符を打つ。しかしキリストは、このとき神を愛する人々＝神の御教えに従って歩んできた人々を救い、至福の王国に入れる。

以上見たように、キリスト初臨前後の歴史の最終段階＝第六段階が西暦70年の「エルサレム滅亡」であったのに対し、キリスト再臨前後における最終段階＝第六段階は、キリストによる「終末の審判」である。

しかしじつは西暦70年の「エルサレム滅亡」は、「終末の審判」のひとつの「予型」であり、対応関係にある。

というのは、かつて西暦70年のエルサレム滅亡のときに、エルサレムは猛火で焼かれた。一方、イエス再臨のときは、「主イエスが、炎の中に、力ある御使いを従えて天から現われ」（「テサロニケ人への第二の手紙」第1章7節）、世界に火による審判を下すからである。

つまり西暦70年のエルサレム滅亡は、明らかに終末における世界の審判のひとつの〝絵〟であり、予型《よけい》なのである。

それは、イエスが「マタイの福音書」第24章などで、西暦70年のエルサレム滅亡と終末の滅亡とを、〝二重写し〟に語っていることからもわかる。

ちょうど、ふたつの隔たった山を遠くから見ると、重なって見えるのと同じだ。イエスは、西暦70年のエルサレム滅亡と終末の滅亡というふたつの大きな〝山〟を、二重写しに預言したのである。

当時のエルサレムは「神の都」として立てられたものでありながら、堕落《だらく》して偽善に満ち、イエスもそこで十字架につけられた。同様に現在の世界も、本来は神の世界として造られながら、神を捨て、邪悪と淫乱とに満ちている。

西暦70年にエルサレムが、「その石一つでもくずされずに、そこに他の石の上に残ることもなくなる」(「マタイの福音書」第24章2節)ほどに壊滅したように、やがて邪悪な世界の事物の体制がまったく滅び、根本から改革されて、神が「すべてのものを新たにする」(「ヨハネの黙示録」第21章5節)ときが来るだろう。

その意味では、西暦70年のエルサレム滅亡は、終末の世界の審判の〝縮図〟だった。かつてエルサレム滅亡のとき、イエスに従う神の民はひとりも死ななかったと述べたが、終末の滅亡も、悪から離れイエスに従う神の民はひとりも死なないだろう。それは『聖書』が約束していることである。イエスは述べている。

「(その時)あなたがたの髪の毛一すじも失われることはありません。あなたがたは忍耐によって、自分のいのちを勝ち取ることができます」(「ルカの福音書」第21章8〜19節)

繰り返される歴史

以上見てきたように、イエス再臨の際も出来事は、

①エルサレム滅
②ユダヤ人帰還
③神殿再建
④荒らす憎むべきもの
⑤イエス再臨
⑥終末

という順序で起きていく。各項目が、イエス初臨前後の出来事と対応関係にあることに、注意していただきたい。同じような出来事が、イエス再臨前後の歴史のなかに繰り返されていく。

再臨前後の歴史において、①と②はすでに起きた。①から②のときまでは、約2000年の年月を要した。

しかし、やがて③のとき、すなわちエルサレムにユダヤ教神殿が建てられ、さらに④の「荒らす憎むべきもの」によってそれが踏みにじられるときが来れば、そののちイエスがわれわれの救いのために再臨するまでの期間は、そう長くはない。

それはイエスが、「選ばれた者（神の民）のために、その日数は少なくされます」（「マタイの福音書」第24章22節）と述べているからである。

神殿再建の準備は整いつつある

エルサレムにユダヤ人の神殿が再建されればキリストの再臨は近いと述べたが、将来ユダヤ人の神殿が再建されるなどということが本当にあり得るのだろうか。

最近イスラエルでは、神殿再建のための活動が活発化している。ユダヤ人は、将来再建されるはずのこの神殿を、「第三神殿」と呼んでいる。第一神殿はソロモンの建設した神殿、第二神殿は、ゼルバベルによって再建されヘロデによって修復された神殿で、両神殿は同じ場所にあった。未来の神殿である第三神殿も、第一神殿と第二神殿のあった場所に建てられるはずだ。イスラエルに本拠地を置く「神殿の丘忠誠団」や、米国コロラド州に本拠地を置く「ユダヤ神殿建設同盟」なども、第三神殿の建設に向けて活動を活発化している。

第三神殿への関心は、イスラエルにおいて、いまでは単に一部の宗教家たちの現象ではない。イスラエルの一般大衆紙も、神殿再建に向けての記事を、掲載するようになっている。「エルサレム・ポスト」紙は、こう記した。

「現代のユダヤ人は、神殿再建の使命にかられて、何とかしてこの困難な夢を実現させようとしている。彼らの心の内に秘められた使命感が、その夢を実現へと導くであろう」

ユダヤ人の歴史家ダビッド・ソロモンも、神殿再建はユダヤ民族にとって不可欠のものである、と発言している。イスラエル政府も神殿再建に向けて動きだしている。「神殿調査協議会」が設けられ、第三神殿建設の準備と調査に国家として動きだしている。第三神殿は、やがて建設が開始されれば、きわめて短期間のうちに完成するに違いない。

第三神殿建設のための準備は、今やイスラエルの至るところで繰り広げられている。嘆きの壁のすぐ近くに、タルムード（ユダヤ教の教典）を学ぶ学校が、ふたつある。そこでは200名余りの学生が、やがて神殿の祭司として奉仕するために、事細かな勉強を行っている。第三神殿で再開されるはずの「犠牲の供え物」に関する研究も行われている。神殿完成時の落成式に必要な「赤い雌牛」も、準備されつつあるという。

エルサレム旧市街にある「神殿研究所」（テンプル・インスティテュート）も、第三神殿のための準備に励んでいる。そこでは神殿祭具の研究や、その展示が行われている。そこの職員の説明によれば、展示されている神殿祭具は見本や模型ではなく、すべて本物であり、神殿さえ再建されれば、すぐにでも第三神殿で使えるものだという。

すべての祭具は、厳密な研究と、多くの資料の分析とによって製作されたものである。もちろん、観光客目当てに作られたものではない。それらは神殿再建に対する切なる願いから、生みだされたものなのだ。ユダヤ教徒の間には今、メシア到来の日は近い、との感がかなり高まりつつある。彼らユダヤ教徒は、メシア到来の日に、そのメシアとはじつは再臨のイエス・キリストであることを知ることになるだろう。

そのときまで、ユダヤ教に固執する彼らは、メシアがだれであるかをまだ知ることなく、その到来を待ち望んでいる。メシアに対する彼らの待望は、第三神殿建設への熱意に結びついている。ユダヤ教のある神学生が、後悔するような口調でこういったことがある。

「われわれにもっと信仰があったなら、メシアはすでに到来していたはずだ！　神殿も再建されていたはずだ！　よりよい世界をつくりだせたはずだ！」

イスラエルでは、メシアを意識する人々が急速に増えているという。自分たちが終末の時代に生きているという自覚の高まりが、イスラエルでも見られはじめているのだ。そして、それは第三神殿建設に向けての動きに、しっかりと結びついている。

第三神殿建設はいつか

第三神殿は、いつ建設されるのだろうか。それは必ずいつか建設される。しかし今年か、来年か、あるいはもう少し先か、それはわからない。そこで、イスラエルの著名な歴史家イスラエル・エルダッドの言葉を思い起こす。彼は１９６７年の「６日戦争」によってユダヤ人がエルサレム旧市街を奪回した直後に、インタビューでこう語っている。

「ダビデ王が初めてエルサレムを占領して以来、ソロモンが神殿を建てるまで、たった一世代しか経っていません。だからわれわれの場合も、一世代のうちに再建するでしょう」。

驚いた記者は、こう質問した。

「しかし神殿の跡地に建っている（イスラム教の）岩のドームはどうなるのですか」

これに対し、エルダッドはあっさりとこう答えた。

「もちろん問題なのははっきりしています。でも、どうなるって、わかりゃしない。地震でも起こって倒壊してくれるんじゃないかな」

この言葉に見られるように当時は、地震等でイスラム教の「岩のドーム」が壊され、そこに第三神殿が建てられるのではないかなどと考えられていた。しかし岩のドームは、昔アブラハムがイサクを捧げようとした岩を覆うために造られたドームである。

その真上にソロモン神殿があったとは考えられない。その岩は、ソロモン神殿の「境内」にあったはずである。そのため今日では、第三神殿はイスラム教の岩のドームの「隣」に建てられるのではないか、と考えられている。いずれにしてもエルダッドの言葉に見られるように、第三神殿の建設は、ユダヤ人の悲願中の悲願である。

第三神殿は、いずれ近いうちに建設されるに違いない。それは1948年のイスラエル共和国建国に次ぐ、世界のビッグ・イベントになるだろう。そしてユダヤ人は、旧約時代（『旧約聖書』の時代）とまったく同じように、第三神殿においてさまざまな祭儀を開始するだろう。動物犠牲などは、エルサレムの清められた神殿以外でしてはならないと『聖書』に命じられているからだ。

彼らはまだ〝旧約時代〟に生きているのである。しばらくの間、彼らは平和のうちに新しく造られた神殿で祭儀を続けるはずだ。しかしやがて、異邦人の国のなかに、強力な独裁者が現れて、野望を抱くようになる。彼は自分を神とし、ユダヤ教およびキリスト教に対し、激しい敵対心をいだくようになる。

彼はエルサレムに侵略軍をさし向け、そこを踏み荒らすことだろう。それは「獣」と象徴的に呼ばれる独裁者と、彼に同調する10か国の同盟国である。彼はエルサレムに入ったあと、第三神殿に土足で踏み入り、自らを神と宣言すると『聖書』に預言されている。

またそこに自分の偶像を置いて、人々に拝ませるだろう。かつてローマ帝国の悪名高いネロ皇帝が、コロシアムの近くに自分の巨大な像を置き、それを拝ませたのと同様である。この独裁者「獣」と、その偶像が、キリストが預言した「荒らす憎むべきもの」である。そのとき、世界の悪は最高潮に達するだろう。

しかし、そこにやがて神の裁きが下る。キリストが再臨するからだ。キリストは地上の悪の勢力を一掃し、反（偽）キリスト（獣）を滅ぼす。そのとき全世界のすべての人々は、イエス・キリストこそ真のメシアであることを明確に知ることになるだろう。

ユダヤ教徒だったユダヤ人らも、彼らが待ち望んでいたメシアとはじつはイエス・キリストであったことを知り、信じるようになる（「ヨハネの黙示録」第1章7節／「ローマ人への手紙」第11章26節）。

「肉のイスラエル」（イスラエル民族）は、皆「霊のイスラエル」（キリスト者）に生まれ変わり、霊のイスラエルに合体する。

ユダヤ人は、決して神から捨てられてはおらず、いまも神の計画と摂理のなかにあるからだ。20世紀以降、「メシアニック・ジュー」と呼ばれる「イエスをメシヤと信じるユダヤ教徒」も多く起こされているが、それ以外の大半のユダヤ人はまだイエス・キリストを知らない。

しかしそれは使徒パウロのいっているように、「異邦人の完成のなる時まで」（「ローマ人への手紙」第11章25節）である。異邦人の間でキリストの福音が伝えられるときがまっとうされていくと、そのあとにユダヤ人のときがやってくる。第三神殿建設は、その歴史の究極に至るための、ひとつのステップなのである。第三神殿が建設されれば、イエス・キリストの再臨と、世界の建て直しのときは、もう間近だ。

神の民の携挙

『聖書』によれば、天が開けてイエス・キリストが再臨するとき、神の民、すなわち神を信じキリストを信じる人々は、地上から「空中に上げられ」キリストのもとに「携え挙げられる」という。これが「携挙《けいきょ》」と呼ばれている一大イベントである。

「主は、号令と、御使いのかしらの声と、神のラッパの響きのうちに、ご自身天から下って来られます。それからキリストにある死者が、まず初めによみがえり、次に、生き残っている私たちが、たちまち雲の中に一挙に引き上げられ、空中で主と会うのです。このようにして私たちは、いつまでも主とともにいることになります」(「テサロニケ人への第一の手紙」第4章16～17節)

キリストの再臨が起こると、まず神の民＝キリスト者として死んだ死者が復活し、続いて、そのとき地上に生き残っているキリスト者たちが、彼らとともに一挙に天に引きあげられ、主キリストのもとに携挙されるという。

かつて紀元前3000年ごろ、ノアの大洪水以前に、エノクは「神とともに歩んだ」(「創世記」第5章24節)。そののち彼は「死を見ることのないように(天に)移された」(「ヘブル人への手紙」第11章5節)。また紀元前9世紀に預言者エリヤも、死を見ずに生きたまま天に携挙された(「第二列王記」第2章11節)。

同様に、キリストの再臨のときに、キリスト者たちも天に携挙されるという。「途方もないことだ」と思う方も、きっといらっしゃるに違いない。しかし、たとえば砂場で磁石を砂に近づけると、砂鉄が磁石に吸いつけられて、一挙に引きあげられるという現象をご存じだと思う。それと同様に、キリストが空中に出現するとき、キリストに属する人々は一挙に天に引きあげられるという。

だから『聖書』を信じる人々の間では、この携挙は文字通りに起こると信じられている。携挙とは、いわば「お出迎え」である。たとえば、天皇陛下が海外で旅をしたのち飛行機で日本に戻ってこられれば、宮内庁の職員や政治家などは飛行場まで出向き、お出迎えをすることだろう。

それと同様に、王の王、主の主と呼ばれるイエス・キリストが地上に戻ってくるとき、キリストに連なるすべての人々は、お出迎えのために空中まで上げられ、空中でキリストをお迎えすることになる。またユダヤでは、花婿が家にくるとき、花嫁は途中まで迎えにいくのである。

この携挙は、いつ起こるのだろうか。携挙の時期に関して、大きく分けてふたつの説がある。

・患難時代「前」携挙説＝携挙は患難時代の「直前」に起こるとする

・患難時代「末期」携挙説＝携挙は患難時代の「終わりごろ」に起こるとする

『聖書』を文字通り信ずる人々のなかにも、これらふたつの携挙説が両方とも見られる。アメリカの福音派などでは、患難時代「前」携挙説がまだ多いようだ。

しかし一方では、患難時代「末期」携挙説をとる人々もかなりいる。たとえば、『旧新約聖書全解』（EXPLORE THE BOOK）を著した著名な聖書学者J・シドロー・バクスター博士なども、患難時代「前」携挙説の根拠はきわめて薄いとし、それに強い疑念を表明している。

レオン・モーリス、アレキサンダー・フレーザー、ジョージ・フロモー、ヘンリー・フロスト、A・J・ゴードン、ジェームス・グラハム、ジョージ・ラッド、ノーマン・マクファーソン、ハロルド・オケンガ博士、その他多くの聖書学者も、患難時代「前」携挙説は間違っていると主張している。

もし携挙が患難時代の前に起こるならば、われわれにとって、こんなに楽なことはないだろう。つらく苦しい患難時代を経験しなくて済むからだ。しかし『聖書』をよく調べてみると、携挙は患難時代の末期に起こると理解すべきである。

患難時代「前」携挙説

まず、患難時代「前」携挙説とはどのようなものなのだろうか。この説の人々は次のように考える。

「世の終わりに臨む『患難時代』は〝神の怒り〟が地上に臨む時代である。だから神の民がそのとき地上にいて、神の怒りを受けるとは考えられない。神の民は〝神の怒り〟である患難時代が始まる直前に、天に移されるはずである」

実際、『聖書』にはこう書かれている。

「あなたが、私（キリスト）の忍耐について言った言葉を守ったから、私も地上に住む者たちを試みるために、全世界に来ようとしている試練の時（患難時代）には、あなたを守ろう」（「ヨハネの黙示録」第3章10節）

患難時代に「あなたを守ろう」というこの聖句は、キリスト者が患難時代の前に地上から引きあげられ、携挙されることを意味しているに違いない。かつて信仰の人エノクは、大洪水の前に天に携挙された。同様にキリスト者は、患難時代が始まる前に天に携挙されるであろう——

患難時代「前」携挙説の人々はこのように考え、それを説明するために、キリストの再臨を二段階に分ける。

一段階目は、患難時代の直前で、そのときキリストは空中まで降りてくるという。これを「空中再臨」と呼ぶ。「空中再臨」の際に、患難時代以前にキリストにあって死んだ人々の〝復活〟、また地上にいるキリスト者たちの〝携挙〟が起こるという。携挙された人々は空中で主イエスと出会い、いつまでも主とともにいるようになる。

キリスト再臨の二段階目は、患難時代の終わりに起きるという。そのときキリストは、復活し携挙された人々とともに、地上に降りてくる。これを「地上再臨」と呼ぶ。このように患難時代「前」携挙説に立つ人々は、キリストの再臨を二段階に分ける。そうでないと、携挙が患難時代前に起こるという考えを説明できないからだ。

一段階目の「空中再臨」と、二段階目の「地上再臨」との間には、7年の隔たりがあるとされる。7年のあいだ地上には患難時代が臨む（患難時代第二期の3年半＋第三期の3年半）。患難時代が始まったとき、地上のキリスト者たちはみな天に携挙されると考えられているので、それとき地上にキリスト者たちはいなくなる。

ところが「ヨハネの黙示録」を読むと、明らかに患難時代の最中に、地上にキリスト者たちのいることがわかる。地上のキリスト者たちに、大バビロンの罪にあずからないよう警告されているからだ（「ヨハネの黙示録」第18章4節）。そこで患難時代「前」携挙説の人々は、彼ら患難時代中に地上にいるキリスト者たちは、携挙の起きたあとに、地上で回心してキリスト者になった人々であると想像する。

そして患難時代が終わると、キリストの地上再臨がある。そのときには、患難時代の最中に死んだ殉教者らも復活し、キリストと共に統治するという。このように患難時代「前」携挙説では、キリストの再臨は二段階、復活も二段階ということになる。

患難時代「末期」携挙説

次に、患難時代「末期」携挙説とはどんな説だろうか。末期携挙説は、患難時代「前」携挙説よりも、ずっと単純である。この説ではキリストの再臨はただ一度であり、キリスト者の復活も一度だ。キリストの再臨は、患難時代末期、あるいは終わりごろに起きる。〝一度空中まで降りてきて、7年の長い歳月の後になってようやく地上に降りてくる〟という段階は踏まない。

患難時代末期に、キリストは空中に現れ、またそののち短期間のうちに、続いて地上に降りてくる。この空中顕現と、地上再臨の間に7年もの歳月はない。両者は短期間のうちに、ほぼ連続的に行われるだろう。

そのとき、キリストにあって死んだ全時代／全世界の人々の復活、および、地上にいるキリスト者たちの携挙が起きる。というのは、末期携挙説の人々は、患難時代は必ずしもそのすべてが「神の怒り」の下される時代であるとは考えていないからだ。

先の章で見たように、患難時代の大半は〝人類の罪がふくれあがっていくことによる患難のとき〟である。それは人類の悪が最高潮に達し、罪と悪によって世界が混乱し破局に向かうときである。しかしその終わりに――つまり患難時代末期に神の裁きが下る。

先に述べた第7のラッパ＝最後のラッパのとき（患難時代末期）、「7つの鉢の災い」がその神の裁きである。そのときキリストが再臨し、人類の罪と悪を一掃する。そのときに至れば、地上のキリスト者たちは携挙されて移され、神の怒りから守られる。

つまり携挙は患難時代の末期、終わりごろに起こることになる。それ以前の患難時代の初期や中期に、神の民＝キリスト者たちは地上にいて最後の伝道をすることが求められる。

患難時代の大半は、サタンの煽動によって、人類の罪が大きくなっていくことによる患難のときである。しかしそれらののち、一番最後に、人類の罪に対する「神の怒り」と、神の「審判」による患難のときがくる。「神の怒り」は、独裁者の国への災害や、天変地異をもって始まる。その最後にキリストの再臨があり、地上のすべての悪への審判が行われる。実際、「あなた（神）の御怒りの時が来ました」といわれているのは、患難時代が末期に入ったときなのである（第七のラッパ「ヨハネの黙示録」第11章18節）。また「神の裁きのときが来た」といわれているのも、末期においてだ（第七のラッパ「同」第14章7節)。神の民は、この一番最後の「神の怒り」「審判」からは救われるだろう。しかしそれ以前の患難時代初期や中期の、人類の罪がふくれあがっていく時期に信徒が地上にいることはあり得る。

ただなかで「守られる」

患難時代「前」携挙説をとる人々は、

「全世界に来ようとしている試練の時には、あなたを守ろう」(「ヨハネの黙示録」第3章10節)

という句の「守ろう」は「携挙する」の意味であると考える。しかし『聖書』がいっているのは、「試練のときには守る」ということであって、「試練のときから守る」ではない。「試練のときから」の意味ならば、原語ギリシア語ではエク(εκ)ではなく、アポ(απο=を離れての意)という単語が使われたはずである。

「試練のときには守ろう」は、「試練のただなかで守る」という意味にとったほうが適切なのである。『聖書』を読むと、神はご自身の民を一般に患難の〝ただなかで守って〟こられた。たとえば神がモーセを通してエジプトに「10の災い」を下されたとき、イスラエルの民はエジプトの患難のただなかで守られた。また地上に大洪水が起きたとき、ノアとその家族は大洪水のただなかで箱舟によって守られた。

患難時代「前」携挙説の人々は、「しかしエノクは、大洪水の前に天に携挙された」という。だがエノクが携挙されたのは、大洪水の600年以上前であり、エノクは大洪水が近づいたから携挙されたわけではない。

「あなたを守ろう」の句の前後関係も、キリスト者たちへの守りが患難時代に入ったあとであることを示している。この句は次のように続いている。

「私（キリスト）は、すぐに来る。あなたの冠を誰にも奪われないように、あなたの持っているものを、しっかりと持っていなさい。勝利を得る者を、私の聖所の柱としよう」（「ヨハネの黙示録」第3章11～12節）

これは神の民が患難時代を地上で経験するからこそ、いわれている言葉だろう。イエス・キリストはこうも祈られている。

「彼ら（キリスト者たち）をこの世から取り去ってくださるようにというのではなく、悪い者から守ってくださるようにお願いします」（「ヨハネの福音書」第17章15節）

この「守って」は、原語において先の「試練のときには守ろう」の「守る」と同じ言葉である。したがってキリスト者は患難時代の〝ただなかで〟守られる、と考えたほうが、より『聖書』に合致することになる。

二段階ではなく、ただ一度

患難時代「前」携挙説の人々は、キリストの再臨を「空中再臨」と「地上再臨」の二段階に分ける。しかしこの〝再臨二段階説〟には聖書的根拠がない。なぜならイエス・キリストは、弟子たちに再臨時のことを尋ねられたとき、患難時代に起こるはずのさまざまな出来事を述べたのちに、こう述べているからである。

「これらのことのすべてを見たら、あなたがたは、人の子（キリスト）が戸口まで近づいていると知りなさい」（「マタイの福音書」第24章33節）

「これらのことのすべて」とは文脈上、患難時代初期の戦争の多発や、偽キリスト、また患難時代中期のエルサレム蹂躙、および患難時代末期の天変地異などを、皆含んでいる。「これらのことのすべて」を見たならば、ご自身が再臨の「戸口まで近づいている」と知りなさい、とイエスは述べられた。

すなわち、患難時代に起こるべきさまざまな出来事が皆起きてしまって初めて、キリストが再臨の「戸口まで近づいた」といえる。したがって患難時代の前にキリストの空中再臨はない。

空中顕現も、地上再臨も、患難時代の末期に連続的に起こることになる。患難時代のさまざまな出来事が皆起こってしまうまでは、キリストは再臨の戸口までも近づいていないのだ。キリストの再臨は二段階ではなく、患難時代の末期にただ一度行われると考えなければならない。

また、患難時代「前」にキリストの〝空中再臨〟があり、そのときキリスト者の復活と携挙が起こることは、『聖書』の次の言葉に矛盾する。『聖書』は、患難時代の末期に起こるキリスト者の復活を「第一の復活」と呼んでいるのだ。

「(イエスにある殉教者らは)生き返って、キリストと共に千年のあいだ支配した。……これが第一の復活である」(「ヨハネの黙示録」第20章4～6節)

「第一の復活」という以上、それは最初の集団的復活であって、それ以前に人々が集団で復活することはあり得ない。つまりこの「第一の復活」は、患難時代の終わりごろに起きる。そして携挙も、そのときに起こることになる。

「（キリストの再臨が起こると）キリストにある死者が、まず初めによみがえり（復活）、次に、生き残っている私たちが、たちまち雲の中に一挙に引き上げられ（携挙）…」（「テサロニケ人への手紙」第4章16～17節）

このように順序は、キリストの再臨↓復活↓携挙である。つまり〝復活〟（第一の復活）が患難時代の終わりごろであるなら、〝携挙〟も患難時代の終わりごろということになる。キリストの再臨も、キリスト者の復活も、携挙も、すべて患難時代の終わりごろなのである。

さらに次の事柄も、キリストの再臨・キリスト者の復活・携挙がすべて、患難時代の終わりごろに起こることを示している。

「終わりのラッパ」

キリストが再臨するのは「神のラッパの鳴り響く」ときであると、『聖書』は述べている（「テサロニケ人への第一の手紙」第4章16節）。また別のか所では、

「終わりのラッパの響きとともに、（私たちは）またたく間に、一瞬にして変えられる。というのは

ラッパが響いて、死人は朽ちない者によみがえらされ（復活）、私たちは変えられる（携挙）」（「コリント人への第一の手紙」第15章52節）

つまりキリストの再臨・復活・携挙が起こるのは「終わりのラッパ」の鳴り響くときだ。この「終わりのラッパ」とは、「ヨハネの黙示録」に記された「第7のラッパ」である。同書には、患難時代の各段階を示すために吹かれる「神のラッパ」が7つ記されているが、「第7のラッパ」はその最後のものだからだ。

このラッパは患難時代末期の開始を告げるために吹かれる（「ヨハネの黙示録」第11章15節）。第7のラッパは非常に特別なラッパとされ、それが吹かれるとき神の奥義が成就する。

「第七の御使いが吹き鳴らそうとしているラッパの音が響くその日には、神の奥義は、神がご自身のしもべである預言者たちに告げられたとおりに成就する」（「ヨハネの黙示」第10章7節）

この「神の奥義」とは、キリストの再臨、復活、携挙、地上の悪の一掃など、すべてをいっている。つまり「終わりのラッパ」＝「第7のラッパ」は、患難時代の末期に吹かれ、そのとき神の奥義が成就することになる。キリストの再臨も、復活、携挙も皆、患難時代の終わりごろなのである。

不法の人の出現

さらに『聖書』によると、初代教会の時代に、ある人々が、「主の日（キリスト再臨の日）がすでに来たかのように」いいふらしていたことがあったという。そこで使徒パウロは、そうした言葉に惑わされないよう、信徒らにこう書き送った。

「主の日がすでに来たかのように言われるのを聞いて、すぐに落ち着きを失ったり、心を騒がせたりしないでください。だれにも、どのようにも、だまされないようにしなさい。なぜなら、まず背教が起こり、不法の人、すなわち滅びの子が現れなければ、主の日は来ないからです」（「テサロニケ人への第二の手紙」第2章2〜3節）

この「不法の人」とは、暴君、独裁者「獣」のことである。彼が現れたのちに、「主の日」すなわちキリストの再臨の日が来るという。彼が活動するのは患難時代の中期〜末期にかけてだから、キリストの再臨も復活、携挙もその後に起こり、患難時代の終わりごろに起こる。

「不法の人が現れて」地上の患難が増大し、患難時代が末期まで進んだとき、キリストの再臨、復活、携挙がある。このように神の民は、患難時代の大部分を地上で経験するだろう。しかし神の民は、「全世界にこようとしている試練のときにはあなたを守ろう」というキリストの言葉の通り、そのただなかで守られるのである。以上述べたように、キリスト再臨、復活、携挙はすべて患難時代の終わりごろに起きる。

復興ローマ帝国の出現

さて、再臨、復活、携挙の前の患難時代には、「復興ローマ帝国」が世界を荒らしまわる。この復興ローマ帝国の正体について見てみよう。

先に述べたように、「復興ローマ帝国」として出現する国とは、ロシアに違いない。昔からモスクワは「第三のローマ」と呼ばれ、ロシアのプーチン大統領は「第三ローマ帝国」すなわち復興ローマ帝国の構築を目指しているからだ。

かつてプロテスタントのキリスト教世界には、EU（ヨーロッパ連合）がまだ10か国だった時代に、この復興ローマ帝国とはEUだと主張する人がいた。しかしそれは間違いである。EUは確かに西ローマ帝国の末裔ではあるが、今日のEUは連帯を目指した平和的な共同体であり、侵略の意図を持たない国家群だからだ。一方、ロシアは東ローマ帝国の伝統を受け継ぎ、強大だったローマ帝国のように超大国として世界に君臨しようという、野心に満ちている。その実現のためにいまも領土拡大主義をとり、他国への侵略も辞さない国だ。だから『聖書』が預言する終末の時代の「復興ローマ帝国」とは、ロシアだといっていい。
先に見たように「エゼキエル書」の預言もそれを裏づけている。そのロシアに追随する国々も、明確になってきている。その国々は、終末の患難時代に、『聖書』がいう「10か国の同盟国」として現れるだろう。
「これはすべての国と異なって、全世界を併合し、これを踏みつけ、かつ打ち砕く。十の角は、この国から起こる十人の王である」（「ダニエル書」第7章23節）
「十人の王」とは、10か国の同盟国のことである。「ヨハネの黙示録」によれば、彼らは「心を一つにしている」（「同」第17章13節）。そして彼ら10か国の同盟国を率いているのは、終末の時代に現れる暴君「獣」である。
「彼ら（十か国の同盟国）は…自分たちの力と権威とを『獣』（独裁者）に与える」（「ヨハネの黙示録」第17章12節）
10か国の同盟国は、終末の時代に現れる恐るべき独裁者「獣」に権威を与え、その独裁者に協力すると預言されている。この「獣」は「666」の数字を持った者であり、ロシアないしは中東世界に現れるものと思われる。そこを中心に、彼は世界を荒らしまわるのだ。

このように、終末の時代とは悪が栄える時代である。人類世界に末期症状が噴きだすときである。復興ローマ帝国と、それに協調する10か国の同盟国、またそれを率いる「獣」＝独裁者は、悪の帝国として出現するだろう。神を抜きにした人間中心の文化であるこの世界が、そのようなどうしようもない状況に進んでしまうことは、ある意味、自明のことなのである。

人類は、最後の悪を神の前に積みあげることだろう。しかしそれも、この世界が終わりを告げ、新しい世界に建て直される前の現象にすぎない。真の平和と幸福に満ちた新しい世界が来る前に、古びた世界は末期的症状を示す。だが、終わりの日に悪が栄えるのは、悪が永遠に滅ぼされるためである。神は、終末の時代に復興ローマ帝国が現れたとき、その暴政と腐敗した文化を最終的に破滅させることによって、ご自身の存在を人々に知らせられるだろう。そしてご自身の、「聖なることを諸国民の目の前にあらわされる」（「エゼキエル書」第38章16節）という。

666の「獣」

さて、キリスト再臨前に世界を荒らしまわるというこの「獣」＝独裁者とは、いったいだれか。それはじつは、団体でも組織でもなく、ひとりの人間である。それは「人間（a man）をさしている」と述べられているからだ（「ヨハネの黙示録」第13章18節）。

暴君「獣」は、終末の時代に力を持って現れ、国々を侵略して征服し、イスラエルをも手中におさめるだろう。彼は聖なる都エルサレムを悪と淫乱の都に変え、いと高き神に挑戦し、神の民を迫害する。さらにそのころエルサレムに建てられているはずのユダヤ教神殿「第三神殿」に、「荒らす憎むべきもの」を設置する。「獣」は、患難時代に世界に台頭する暴君的人物である。

「ここに知恵がある。思慮ある者は、その獣の数字を数えなさい。その数字は人間をさしているからである。その数字は六六六である」（「ヨハネの黙示録」第13章18節）

象徴的に「獣」といい表された者は、その名を数字に換算すると６６６になるという。というのは、『旧約聖書』の原語＝ヘブル語や、『新約聖書』の原語＝ギリシア語では、アルファベットは皆、それぞれ数字に対応している。この「アルファベットの数値換算」を「ゲマトリア」という。

たとえばギリシア語のαは１、β＝２、γ＝３、δ＝４、ε＝５、ζ＝７、η＝８、θ＝９、ι＝10、κ＝20、λ＝30、μ＝40、ν＝50、ξ＝60、ο＝70、π＝80、ρ＝１００、σ＝２００、τ＝３００、υ＝４００、φ＝５００、χ＝６００、ψ＝７００、ω＝８００というように、アルファベットが数字代わりにも使われる。

それで、人の名前のアルファベットそれぞれに対応する数字を足して、その数値を出すということが行われた。たとえば、「イエス」（Ιησους）の数値は、10＋８＋２００＋70＋４００＋２０

0＝888になる。イエスのゲマトリア（数値換算）は888である。

同様に「獣」に関しても、その人物の名前をギリシア語（あるいはヘブル語）で表し、その数値を足すと666になるということだ。イエスが888で、獣は666——これはイエスが獣に「勝ち得て余りあり」ということだろう。

そのほか777、999というのもある。777は十字架のゲマトリア、999は父なる神のゲマトリアである。じつは『聖書』というものは、このゲマトリアを理解できて初めてわかる部分が少なくない（詳しくは拙著『ゲマトリア数秘術』／学研ムーブックス／をご覧頂きたい）。

獣は、その名前のゲマトリアが666になる人物である。しかし、ある人物の名前のゲマトリアを調べて、たまたま666になったとしても、単にそれだけでその人を「預言された獣だ」と決めつけてはいけない。『聖書』はその他にも、この「獣」と呼ばれる人物の特徴を多く述べているからだ。『聖書』によれば「獣」は、配下にある人々に「刻印」を押すという。

「小さい者にも、大きい者にも、富んでいる者にも、貧しい者にも、自由人にも、奴隷にも、すべての人々にその右の手かその額かに、刻印を受けさせた」（「ヨハネの黙示録」第13章16節）

すなわち「666」という刻印を押すのだろう。そしてその「刻印」がない者には、「買うことも売ることもできないようにした」（「同」第13章17節）。つまり刻印を押して、配下の人間の「管理」

を行う。それは膨大な人数になるだろうから、コンピューターと、バーコードのようなものが使われるに違いない。

商品管理にバーコードとコンピューターを使うのと同様である。それに関しては、どういうわけか書籍や、スーパーの商品等につけられているバーコードには、すでにこの「666」が含まれている。バーコードにはいくつか種類があって、よく使われているバーコードでは、左端と真ん中と右端の下に数字が書いていないものがある。この数字が書いていない3つの部分の二本線は、それぞれ「6・6・6」に対応する線なのである。

またバーコードで認識したものを管理するために、コンピューターが使われる。コンピューターは英語圏で発明され、英語で「COMPUTER」と書く。英語はゲマトリア（数値換算）には対応していないが、ここでは「666」が問題になっているから、英語のアルファベットに、たとえばA＝6、B＝12、C＝18というように順に6の倍数を当てはめ、数値換算をしたらどうなるだろうか。

COMPUTER＝18＋90＋78＋96＋126＋120＋30＋108＝666

なんと、666になる。これが果たして偶然なのか、そうでないのか。いずれにしてもコンピューターもすでに666の刻印を押されているようだ。

さらにいえば、買ったり売ったりするときのお金もそうである。日本で使われている硬貨は500円、100円、50円、10円、5円、1円だから、ぜんぶ足すと666円である。日本経済にもす

「666」の刻印を押す獣。
この刻印はすでに世界各地で押されてしまっている。

でに666の刻印が押されてしまっているのだろうか。

獣という独裁者は、ひとりの人間である。しかし獣は、コンピューターやバーコード、また経済にも刻印を押し、さらには配下の人間にも666の刻印を押して、人間を管理していくのである。

暴君エピファネス

『聖書』は独裁者「獣」について、
「獣は、昔いたが、今はいません。しかし、やがて底知れぬ所から上ってきます」（「ヨハネの黙示録」第17章8節）
と述べている。「獣」は昔いたが、「ヨハネの黙示録」が書かれた1世紀にはおらず、やがてくる者といわれている。つまり獣は、紀元前の時代にいた人物の再来だ。キリスト再臨の前に、獣的人物の再来があることになる。
その紀元前の獣的人物とは、じつは紀元前2世紀にエルサレム神殿（第二神殿）を荒らしたシリア人、アンティオコス4世・エピファネスである。アンティオコス4世・エピファネスという名を、知らない人も多いかもしれない。しかしこの悪名高い名は、ユダヤ人の間では、忘れようとしても決して忘れられない名である。

エピファネスは、紀元前2世紀にユダヤの聖なるエルサレム神殿を荒らし、そこにギリシアの神ゼウスの偶像という「荒らす憎むべきもの」を設置したからだ。今日もユダヤ人は、毎年12月ごろに「ハヌカ」と呼ばれる「宮清めの祭」を祝っている。これは、かつてユダヤの神殿を、暴君エピファネスから解放し、清めたときのことを記念した祭である。

エピファネスのころの歴史を少し振り返ってみよう。

紀元前331年、有名な古代ギリシアのアレキサンドロス大王は、破竹の勢いで中東一帯を征服していった。しかしそのギリシア帝国も、大王の死後に4つに分裂。ギリシア、小アジア、シリア、エジプトに分かれた。

アンティオコス4世・エピファネスは、このうちのシリアを治めた、歴代君主のひとりである（在位紀元前175〜163年）。「アンティオコス」の名を冠した君主は、全部で26人いた。エピファネスは、アンティオコス4世として君臨した。

「エピファネス」とは「現神王」の意味で、その名のとおり彼は自分を神とし、自分を神と崇めるよう人々に強要した。しかし人々は彼を皮肉り、「エピマネス」（狂人の意）とも呼んだ。

エピファネスが支配したシリアは、ユダヤの国の北隣にある。一方、南隣には、やはりギリシア帝国から分かれ出たエジプトの国があった。それで『旧約聖書』の「ダニエル書」のなかでは、エピファネスをはじめとするシリアの王は「北の王」と呼ばれ、一方エジプトの王は「南の王」

と呼ばれている。

さて紀元前175年に、エピファネスは、裏切りによってシリアの王位を手に入れた。その後彼は、南のエジプトに対する優位を決定的なものにするために、エジプトに出兵。エジプトを手中におさめている。

このころからエピファネスは、ユダヤのエルサレム神殿の調度品に、手を出していた。彼はかさむ戦費をまかなうために、その神殿から、多くの金の調度品を盗みだした。しかも、異邦人には禁制の場所であった神殿の内部にまで足を踏み入れ、神殿を汚した。

またエピファネスは、紀元前168年になって再度エジプトに侵入した。しかしこのときはローマの艦隊の介入があり、撤退を余儀なくされている。エピファネスは腹いせに、エルサレムに戻り、その城壁を壊して家々に火を放った。また8万のユダヤ人を殺し、4万人を捕囚とし、さらに4万人の女・子どもを奴隷として売り払った。

彼は、反抗するユダヤ人を徹底的に弾圧。ユダヤ人に対して、神殿での犠牲の奉献や、安息日の遵守、割礼の執行、律法の書の所持などの行為のすべてを、禁止した。そしてこれらの命令に背《そむ》く者に対しては、死罪をもって報いた。

しかもエピファネスは、エルサレム神殿に、ギリシアの多神教の主神である「ゼウス神」を祀った。彼はその偶像を聖なる神殿に置き、その祭儀に人々が参加するよう強要した。こうして彼は、神聖なユダヤの神殿を無残にも踏みにじった悪名高い人物として、すべてのユダヤ人の間で記憶されている。

エピファネスに関する預言

この当時の歴史については、「マカベア書」という古代ユダヤ文書に、過去の歴史として詳しく記されている。また『旧約聖書』の「『ダニエル書」には、彼のことが預言の形で記されている。「ダニエル書」は、紀元前6世紀に、預言者ダニエルが記したものである。近代の懐疑的な批評学者のなかには、この書は紀元前2世紀に書かれたと主張した者もいるが、実際に紀元前5世紀に記されたことは、多くの学者の研究によって立証されている。「ダニエル書」は、エピファネスより400年も前に記された、預言の書なのである。そこには、エピファネスとその前後の歴史について、次のように記されている。

「私ダニエルにまた、一つの幻が現われた。……見ると、なんと一頭の雄羊（ペルシア帝国をさす）が川岸に立っていた。それには二本の角があった（ペルシア帝国がメディアとペルシャの連合体であったことをさす）。……

私が注意して見ていると、見よ、一頭の雄やぎ（ギリシア帝国）が、地には触れずに、全土を飛び回って、西からやって来た。その雄やぎには、目と目の間に、著しく目立つ一本の角（アレキサンドロス大王）があった。……

雄やぎは雄羊に近づき、怒り狂って、この雄羊を打ち殺した（ペルシア帝国の滅亡）。……この雄やぎは非常に高ぶったが、その強くなった時に、あの大きな角が折れた（アレキサンドロス大王の死亡）。そしてその代わりに、天の四方に向かって、著しく目立つ四本の角が生え出た（ギリシアは4つの国に分裂した）。

そのうちの一本の角（シリアの王）から、また一本の小さな角（エピファネス）が芽を出して、南（エジプト）と、東と、麗しい国（ユダヤ）とに向かって、非常に大きくなっていった。それは大きくなって……軍勢の長にまでのし上がった。

それによって、（エルサレム神殿の）常供のささげ物（犠牲）は取り上げられ、その聖所の基はくつがえされる。軍勢は渡され、常供のささげ物に代えて、そむきの罪がささげられた。その角は真理を地に投げ捨て、ほしいままにふるまって、それをなし遂げた」（「ダニエル書」第8章1～12節）

ダニエルが見たこの夢に関して、ところどころに（　）で説明を入れたが、これは筆者が勝手に入れたわけではなく、「ダニエル書」自体が、夢の意味について次のような解き明かしをしているからである。

「あなたが見た雄羊の持つあの二本の角は、メディアとペルシャの王である。毛深い雄やぎはギリシャの王であって、その目と目の間にある大きな角は、その第一の王（アレキサンドロス大王）である。その角が折れて、代わりに四本の角が生えたが、それはこの国から四つの国が起ることである。しかし第一の王のような勢力はない。

彼らの治世の終わりに、彼らのそむきが窮まるとき、横柄で狡猾なひとりの王（エピファネス）が立つ。彼の力は強くなるが、彼自身の力によるのではない。彼はあきれ果てるような破壊を行ない、事をなして成功し、有力者たちと聖徒の民を滅ぼす。彼は悪巧みによって欺きをその手で成功させ、心は高ぶり、不意に多くの人を滅ぼし、君の君（神）に向かって立ち上がる。しかし人手によらずに、彼は砕かれる」（「ダニエル書」第8章20〜26節）

このような預言が、エピファネスの現れる400年も前に記されていたとは、まことに驚くべきことだ。この預言のなかで帝国は〝動物〟で象徴され、王はその「角」で表されている。そして最後に現れた「小さな角」は、やがて大きくなり、高ぶって卑劣なことをなした。この最後の「角」こそ、アンティオコス4世・エピファネスのことなのである。

荒らす憎むべきもの

「ダニエル書」第11章にはまた、エピファネスの行動についてさらに詳しいことが預言されている。

「ひとりの卑劣な者（エピファネス）が起こる。……彼は再び南へ攻めていくが（エジプトへの二度目の侵攻をさす）、この二度目は、初めの時のようではない。キティムの船（ローマの艦隊）が彼に立ち向かって来るので、彼は落胆して引き返し、聖なる契約（モーセの契約）にいきりたち、ほしいままにふるまう。

彼は帰って行って、その聖なる契約を捨てた者たちを、重く取り立てるようになる（エピファネスは、ユダヤ人背教者を重く取り立てた）。彼の軍隊は立ち上がり、聖所（エルサレム神殿）ととりで（エルサレム城壁）を汚し、常供のささげ物を取り除き（いけにえを禁止）、荒らす忌むべきものを据える（エピファネスによって神殿に置かれた偶像のこと）」（「ダニエル書」第11章21〜31節）

このように「ダニエル書」は、ギリシア帝国から分かれでた4つの国のひとつから「ひとりの卑劣な者」が起こること、また二度目のエジプト侵攻のあとに彼は神殿を汚すこと、また神殿に偶像を置くことなどを、預言していた。これらは皆、紀元前2世紀のアンティオコス4世・エピファネスの生涯に成就した。

ところが、ここに不思議なことがある。『聖書』によれば、エピファネスに関する預言は、なお「終わりの定めの時にかかわる」（「ダニエル書」第8章20節）といわれているのだ。つまりこれらの預言は、単に紀元前2世紀のエピファネスに関する預言というだけでなく、終末の時代の「獣」に関する預言でもあるという。

エピファネスの出来事は、預言成就の〝第一段階〟にすぎない。〝第二段階〟あるいは〝最終段階〟の成就は、世の終末が間近になった時代に起こる。これはイエス・キリストが語った言葉も裏づけている。キリストは、終末の時代のことについて、

「それゆえ預言者ダニエルによって語られたあの『荒らす憎むべきもの』が、聖なる所（神殿）に立つのを見たならば」（「マタイの福音書」第24章15節）

と語った。この「荒らす憎むべきもの」と先の「荒らす忌むべきもの」は、単なる訳文の違いで、同じものを指し、偶像のことである。先に述べた通り、エピファネスは紀元前2世紀にエルサレム神殿に、ゼウス神の偶像という「荒らす憎むべきもの」を据えた。これは「ダニエル書」の預言の成就でもあった。

しかしキリストは、この「荒らす憎むべきもの」に関するダニエルの預言が、なお終末の出来事にかかわっていると述べているわけである。

紀元前2世紀にエピファネスの行為ですべてが成就し尽くしたのではなく、まったく同じようなことが終末の時代にも繰り返されるという。「ヨハネ黙示録」や「テサロニケ人への手紙」でも、終末の時代にエルサレムは異邦人に踏みにじられ、その神殿内に偶像が置かれると述べられ

ている。

「この獣（終末の時代に現われる独裁者）は……その口を開いて、神に対するけがしごとを言い始めた。すなわち、神の御名と、その幕屋、すなわち天に住む者たちをののしった。……（この獣の部下である親衛隊長は）剣の傷を受けながらもなお生き返ったあの獣の像を造るように、地上に住む人々に命じた。……また、その獣の像を拝まない者をみな殺させた」（「ヨハネの黙示録」第13章6、14〜15節）

「彼（獣）は……神の宮（エルサレム神殿）の中に座を設け、自分こそ神であると宣言します」（「テサロニケ人への第二の手紙」第2章4節）

エルサレムの第三神殿に設置されるこの偶像の「座」こそ、「荒らす憎むべきもの」なのである。そして「獣」自身も、「荒らす憎むべきもの」である。つまり、終末の「獣」とは、エピファネスの再来的人物である。彼は、紀元前2世紀にエピファネスがしたと同様のことを、終末の時代に再び行う。

「マカベア書」によれば、エピファネスがエルサレムを踏みにじった期間は、約3年半だった（紀元前167年の中ごろ〜164年12月）。それと同様に、終末の時代にもエルサレムは獣によって「3年半の間」踏みにじられることになる（「ヨハネの黙示録」第13章5節）。

エピファネスの謎の死

終末の「獣」がエピファネスの再来であることを示す、もうひとつの重要な事柄がある。それは、〝紀元前2世紀のアンティオコス4世・エピファネスの死に方は、「ダニエル書」第11章に記されたものとはまったく違った〟ということである。

「ダニエル書」第11章には、先に見たようにエピファネスの行動が記されている。それは史実にピタリと一致している。しかしそれは35節までのことで、残りの36〜45節は、歴史上知られているエピファネスの行動と全然一致していない。

紀元前2世紀のエピファネスは、二度目のエジプト遠征のあと、先に見たようにエルサレムを攻撃し、そこを占領して神殿を荒らしまわった。しかしやがてユダヤ人による反乱が起き、マカベアのユダという指導者の手によってエルサレムは奪回され、神殿も清められた（紀元前164年12月）。

このときエピファネスは、東方に兵を進めていたので、ユダヤの反乱については彼の部将にまかせるしかなかった。ところがエピファネスはその陣中で、ある日急死してしまうのだ。紀元前163年春のことである。マカベアのユダが神殿を清めてのち、わずか数か月後に、エピファネスは何の戦功をおさめる間もなく、急死してしまった。

これは「ダニエル書」第11章36〜45節の記している姿と、まったく違っている。それらの節

には、

「終わりの時に、南の王が彼と戦いを交える。北の王は……彼を襲撃する。彼は麗しい国（イスラエル）に攻め入り、多くの国々が倒れる」（「ダニエル書」第11章40〜41節）

と記されているが、この出来事は紀元前2世紀のエピファネスには起こらなかった。したがって、これは終末の時代に再来する「獣」がなす行動としかとれない。「ダニエル書」も「終わりの時に」と述べている。エピファネスは終末の日に「獣」として再来し、これらのことをなすわけである。

エピファネスは、その再来の際に、おそらく通常の人間のように女の胎《はら》から生まれることだろう。これはちょうど、バプテスマのヨハネが預言者エリヤの「霊と力をもって」（「ルカの福音書」第1章17節）、母の胎内から生まれ「エリヤの再来」といわれたことに似ている（「マタイの福音書」第11章14節）。同様に、終末の「獣」はエピファネスの「霊と力をもって」女の胎から生まれ、彼の再来といわれるだろう。

旧約時代の預言者エリヤは、新約時代において再来し「バプテスマのヨハネ」という名を持った。同様に、再来したエピファネスは、終末の時代にあって新しい名を持つことだろう。しかしその「霊と力」は、かつてのエピファネスのものだ。彼の新しい名は、数字に換算すれば「６６６」

になるだろう。

この「再来」は、いわゆる「輪廻《りんね》」とは異なる。仏教でいう輪廻は、何度も生まれ変わり、死に変わりを繰り返すことだが、『聖書』がいっているこの「再来」は、一度限りのもので、また限られた特定の人だけに起こる。一般人に起こることではない。

エピファネスの再来

「ヨハネの黙示録」はエピファネスの再来である「獣」について、こう述べている。
「あなた（使徒ヨハネ）に、この女（大バビロン）の秘儀と、この女を乗せた、七つの頭と一〇本の角とを持つ獣の秘儀とを話してあげましょう。あなたの見た獣は、昔はいたが、今はいません。しかし、やがて底知れぬ所（よみ）から上って来ます。そして彼は、ついには滅びます。地上に住む者たちで、世の初めからいのちの書に名を書き記されていない者は、その獣が、昔はいたが、今はおらず、やがて現われるのを見て驚きます」（「ヨハネの黙示録」第17章7〜8節）
人々は、紀元前の人物エピファネスが「獣」として再来するのを「見て驚く」という。さらに、

「ここに知恵の心があります。（獣の）七つの頭とは、この女（大バビロン）がすわっている七つの山で、七人の王たちのことです。五人はすでに倒れたが、ひとりは今おり、ほかのひとりはまだ来ていません。しかし彼が来れば、しばらくの間とどまるはずです。

また、昔いたが今はいない獣について言えば、彼は八番目でもありますが、先の七人のうちのひとりです。そして彼はついには滅びます。あなたが見た一〇本の角は、一〇人の王たちで、彼らはまだ国を受けていませんが、獣と共に、一時だけ王の権威を受けます」（「ヨハネの黙示録」第17章9〜12節）

と述べられている。ここに出てきた「女」とは、終末の時代に世界に君臨する悪の都のことで、「ヨハネの黙示録」では象徴的に「大バビロン」の名で呼ばれているものだ。この大バビロンとは、ショッキングなことではあるが、じつはエルサレムのことと思われる。聖都エルサレムは、終末の時代に悪人たちによって踏みにじられ、恐ろしい悪の都へと変えられてしまうのである（「ヨハネの黙示録」第11章2、8節）。

エルサレムの地を支配した異邦人の世界帝国は、これまでに7つある。

①エジプト帝国（紀元前1600〜同1400年）

②アッシリア帝国（紀元前721〜同607年）

③バビロン帝国（紀元前606〜同536年）

④ペルシア帝国（紀元前536～同330年）
⑤ギリシア帝国（紀元前330～同146年）
⑥ローマ帝国（紀元前146～紀元1453年）
⑦トルコ帝国（1038～1922年）

なおトルコ帝国は、セルジュク・トルコとオスマン・トルコ。トルコ帝国と同じイスラム教国であるサラセン帝国（661～1258年）も、しばらくエルサレムを支配したが、サラセン帝国は東ローマ帝国からのキリスト教巡礼者たちに対しても寛大で、交易を行っていた。そのため、7つの国からは除外してある。しかしトルコ帝国は巡礼者たちを排し、エルサレムを専有したので、第7番目の国としてあげた。

これら7つの帝国が、エルサレムのすわった「七つの山」であり、「七人の王たち」である。「ヨハネの黙示録」では「王」は単に個人を指すとは限らず、しばしば「国」の同義語としても用いられている（「ヨハネの黙示録」第17章2節）。したがって「七人の王たち」といえば、この場合、「7つの国」と同じ意味と考えてさしつかえない。

これら7つの国のうち、「ヨハネの黙示録」が記されたのは、⑥のローマ帝国の時代だった。それで、

「五人はすでに倒れたが、ひとりは今おり、ほかのひとりはまだ来ていません。しかし彼が来れ

ば、しばらくの間とどまるはずです」（「ヨハネの黙示録」第17章10節）

といわれている。

「ヨハネの黙示録」の記された当時、エジプト、アッシリア、バビロン、ペルシア、ギリシアの五帝国は、「すでに倒れ」ていた。そして六番目のローマ帝国が「今おり」、やがて七番目のトルコ帝国が来ようとしていた。

同書はさらに記している。

「昔いたが今はいない獣について言えば、彼は八番目でもありますが、先の七人のうちのひとりです。そして彼はついには滅びます」（「ヨハネの黙示録」第17章11節）

終末の時代に「獣」は、八番目の帝国を作り、エルサレムを支配するようになるという。しかし、じつをいえば彼は先の7つの国の王たちのひとりでもある。アンティオコス4世・エピファネスは、⑤ギリシア帝国の王のひとりであり、ギリシア帝国の分国の王だった。その意味で彼は、「先の七人のうちのひとりです」という言葉と符合している。このように終末の「獣」は、エピファネスの再来なのである。

第4章

世の終わりに生き残る人々

世の終わりに生き残る「大群衆」

『聖書』によれば、世の終わりにおいて多くの人は死に絶えるが、一方では生き残る人々もいる。生き残った人々は、新しい生命を得て、来たるべき新しい世に入り、至福の世界を継ぐ。その人々とはいったいだれで、どんな人々なのか。もし、あなたが「世の終わりに救われ生き延びたい」また「多くの人を救いたい」と願うならば、以下のことをよく頭に入れていただければ幸いである。

『聖書』の「ヨハネの黙示録」第7章には〝イスラエル12部（支）族の14万4000人〟の幻が記されている。さらに同章のその部分に続いて〝あらゆる国民のなかから贖《あがな》いだされた、数えきれないほど大勢の大群衆〟の幻が記されている。後者の「大群衆」の幻については、こう記されている。

「私（ヨハネ）は見た。見よ。あらゆる国民、部族、民族、国語のうちから、だれにも数えきれないほどの大勢の群衆が、白い衣を着、しゅろの枝を手に持って、御座と小羊（キリスト）との前に立っていた。彼らは大声で叫んで言った。

『救いは、御座にある私たちの神にあり、小羊にある』。……（長老は）私にこう言った。

『彼らは大きな患難から抜け出てきた者たちで、その衣を小羊の血で洗って、白くしたのです。だから彼らは、神の御座の前にいて、聖所で昼も夜も、神に仕えているのです。そして、御座に着いておられる方も、彼らの上に幕屋を張られるのです。

彼らはもはや、飢えることもなく、渇くこともなく、太陽もどんな炎熱も彼らを打つことはありません。なぜなら、御座の正面におられる小羊が、彼らの牧者となり、いのちの水の泉に導いてくださるからです。また、神は彼らの目の涙をすっかりぬぐい取ってくださるのです』」（「ヨハネの黙示録」第7章9〜17節）

さて、この大群衆は「あらゆる国民のうちから」贖いだされた人々といわれている。その数は非常に多く「だれにも数えきれない」だろうという。彼ら大群衆は「救いは…神にあり、小羊（キリスト）にある」と叫ぶ。すなわち彼らはキリスト者である。

このキリスト者とは、単に教会に通っている人々ということではない。自分が神の前に罪人《つみびと》であると認め、謙虚に神の御愛を信じ、キリストの十字架の死という代価と、彼の復活によって自分が救われたことを信じ、またキリストを救い主と信じる信仰を持つ人々のことである。老若男女、どんな過去と境遇の人であっても、神とキリストを信じるなら罪と滅びから救われる。

そして義認（神の前に義と認められること）、神の子としての身分、永遠の命、天国の命、さらに地上生涯での導きと、祝福を得ることができる。それが『聖書』のいっていることだ。教会に通っているとかバプテスマ（洗礼）を受けたかどうかではなく、そう信じる者は、すべてこの患難《かんなん》時代に生き残る「大群衆」に属している。彼らは世の終わりに生き残るという。

彼ら大群衆は「大きな患難から抜けでてきた者たち」といわれている。患難時代をしばらく地上で通過し、やがてそこから助けだされて、神の大いなる救いに入る人々なのである。

この「大群衆」の幻は、第6の封印の幻として現れている。先に見たように、封印の幻は預言の巻き物が開かれる前のものであって、一種の〝予告編〟であり、本編預言に入る前に患難時代中の主な事柄を垣間見させているものだ。予告編において、患難時代を通過して地上から贖われたあとの「大群衆」の姿を、読者に垣間見させているわけである。それは時間的にはラッパの出来事よりあとの光景なのだが、予告編的に見せている。

さて、「大群衆」はどのようにして、世の終わりに生き残るのだろうか。じつは「ヨハネの黙示録」においては、世の終わりに重要な意味を持つ人々は、必ず〝象徴的な姿〟を与えられている。たとえばキリストは「小羊」という象徴的姿で語られ、一方、終末の時代に世界を荒らす独裁者は「獣」という象徴的姿で語られている。

キリストの出現は「小羊が現れた」と語られ、独裁者の出現は「獣が現れた」と語られる。ほかにも、サタンは「竜」（「ヨハネの黙示録」第12章9節）、悪の都は「淫婦」（「同」第17章16節）という象徴的姿で語られている。つまり必ず、実際の姿とは別の象徴的姿がある。

同様に、生き残る「大群衆」も、終末の時代に大きな意味を持つ人々だから、彼らにもひとつの象徴的姿が与えられている。じつはそれが〝イスラエル12部族の14万4000人〟という象徴的姿なのである。〝14万4000人〟と〝大群衆〟は一見、まったく別のグループに見えるが、じつは本質的に同一のグループを指していると、多くの聖書学者が考えている（たとえば、H・B・スウィート、R・H・チャールズ、L・モリス、アルフォード、山口昇、他）。

その理由は、主に次の5点である。

「14万4000人」と「大群衆」

第一に「大群衆」はやがて、新天新地（来たるべき神の国）に入る人々である。それは今の天地宇宙が過ぎ去ったのちに創造される新世界だ。彼らはまたその中心、神の都＝新エルサレムの住人となる。新エルサレムは、神の民、キリスト者たちの都である。

ところが、新エルサレムの住人となる大群衆はそこでも、象徴的に「イスラエルの12部族」の名を冠せられているのだ。こう記されている。

「都には……一二の門があって、それらの門には…イスラエルの子らの一二部族の名が書いてあった」（「ヨハネの黙示録」第21章12節）

つまり新エルサレムの都の12ある門には、それぞれ、ユダ、ルベン、ガド、アセル、ナフタリ、マナセ、シメオン、レビ、イッサカル、ゼブルン、ヨセフ、ベニヤミンの名が記されているという（「同」第7章5〜8節参照）。

すなわち新エルサレムに入るべき大群衆は、象徴的にイスラエル12部族の名を冠せられている。大群衆とは、実際にはあらゆる国民のなかから救われ、贖いだされた者である。ところが象徴的に、それぞれユダ族、ルベン族、ガド族……等に属する者として語られる。

第二に、初代教会においては、霊のイスラエルである教会は、象徴的に「イスラエル12部（文）族」と呼ばれたということである。かつてイエスは12弟子にこういわれた。

「あなたがたは、私の国（新エルサレム）で、私の食卓について食事をし、王座について、イスラエルの一二の部族をさばく（統治するの意）のです」（「ルカの福音書」第22章30節）

この「イスラエルの12部族」は、いわゆる「肉のイスラエル」（ヤコブの子孫＝イスラエル民族）ではなく、「霊のイスラエル」＝キリスト者たちのことである。つまり霊のイスラエルが、「イスラエルの12族」と呼ばれている。同様なことは『新約聖書』「ヤコブの手紙」の冒頭にも見られる。著者ヤコブは、キリスト者たちを「一二部族」と呼んで、次のように記した。

「神と主イエス・キリストのしもべヤコブが、国外に散っている一二の部族へあいさつを送りま

す」（「ヤコブの手紙」第1章1節）

ヤコブはこの手紙を、ユダヤ教徒である肉のイスラエル12部族に宛てて書き送ったわけではなく、霊のイスラエルであるキリスト者たちに宛てて書き送ったのである。初代教会においては、実際に12の部族がそろっているいないにかかわらず、霊のイスラエルは（イスラエル民族の）「一二部族」と呼ばれた。「一二部族」は霊のイスラエルを表す別称だった。「ガラテヤ人への手紙」でも、キリスト教会は「神のイスラエル」（「同」第6章16節）と呼ばれている。したがって「イスラエルの一二部族」は、「大群衆」の象徴的姿であると考えてよい。

第三に、「14万4000」という数字はひとつの完全数であって、新エルサレムに入るべきすべてのキリスト者を表す象徴数だということである。なぜなら、新天新地の中心＝新エルサレムの光景についてこう記されているからだ。

「彼（御使い）が、さお（測りざお）で都を測ると、一万二千スタディオンあった。長さも幅も高さも同じである」（「ヨハネの黙示録」第21章16節）

新エルサレムは、「長さも幅も高さも同じ」立方体なのである。これは古代イスラエルの神殿の至聖所の形と同じだ（「第一列王記」第6章20節）。各辺の長さは人間の尺度でいうと「一万二千スタディオン」であるといわれている。1スタディオンは約185メートルだから、新エルサレムは、一辺が2220キロメートルの巨大な立方体であることがわかる。

立方体は辺の数が12ある。また先に見たように新エルサレムに住む大群衆は、象徴的にイスラエルの12部（支）族の名を冠せられている。1万2000の12倍は、14万4000だ。また、新エルサレムには城壁があって、その高さは、

「一四四ペーキュスあった」（「ヨハネの黙示録」第21章17節／1ペーキュスは約65メートル）

と記されている。このように「14万4000」とか、「144」という数字は、新エルサレムを表す特有の数字であることがわかる。だから「14万4000」は、新エルサレムに入るべき大群衆全体を表す象徴数、と解することができる。

筆者は先に、「獣」の666や「イエス」の888は、ゲマトリア（数値換算）だということを述べた。同様に、じつは「144」や「14万4000」も、『聖書』では「神の民」全体を表すゲマトリアなのである。『聖書』で「選ばれた者」「信者」「聖徒たち」「天の御国」「神の群れ」等のギリシア語ゲマトリアは、すべて144の倍数である（詳しいことは拙著『ゲマトリア数秘術』／学研ムー・ブックスを参照）。

伝統的キリスト教からは異端と見られている「エホバの証人」（ものみの塔）では、14万4000人

を文字通りの数と解釈したが、それは間違いなのである。「144」また「14万4000人」は、キリスト者がひとりも欠けることなく救われる、ということを示すための象徴的な完全数である。実際には14万4000人といった少ない数ではなく、「だれにも数えきれないほど大勢」なのだ。

第四に、「14万4000人」はイスラエルの12部族からなるとされているが、もしこれを象徴的に解さず文字通りに解釈すると、非常な不都合が生じる。たとえば今日、われわれがイスラエルにいるユダヤ人に、「あなたはユダ族ですか。それともベニヤミン族ですか」などと聞いても、彼らは笑ってこう答えるだろう。

「それは大昔の話ですよ。いまいえるのは、私たちがユダヤ人だということだけです」

ユダヤ人も、長年の間に混血が進み、いまはだれが何族出身かというようなことは、わからなくなっている。これはほかのイスラエル10部族（失われた10支族）においても同様だ。今日では、部（支）族に分けることは意味のないことになっている。それもあって「イスラエルの12部族」は肉のイスラエル12部族のことではなく、霊のイスラエル全体を表すものと解すべきなのだ。それは「大群衆」の象徴的姿である。

第五に、14万4000人は患難時代が始まるときに、額に霊的な「印を押される」と記されている。そのときに印を押されるのは、彼らだけだということである。

「『私たち（御使い）が神のしもべたちの額に印を押してしまうまで、地にも海にも木にも害を与えてはいけない』。それから私（ヨハネ）が、印を押された人々の数を聞くと、イスラエルの子孫のあらゆる部族の者が印を押されていて、一四万四千人であった」（「ヨハネの黙示録」第7章3～4節）

患難時代の災害を受けないために印を押された人々は、彼らだけである。しかし、患難時代のただなかで守られるという約束は、本来すべての神の民＝キリスト者に与えられている（「ヨハネの黙示録」第3章10節）。このことからも14万4000人は大群衆の象徴的姿と解することができる。

以上述べたように、「ヨハネの黙示録」では一貫して「霊のイスラエル」はイスラエル12部族と見られている。だから「14万4000」という数字は、新エルサレムに入るべき人々の全体を表す象徴数である。イスラエル12部族の14万4000人は「あらゆる民族から贖いだされた、だれにも数えきれないほど大勢の大群衆」の象徴的姿であって、両者は同一の人々だ。

「ヨハネの黙示録」第7章において、使徒ヨハネは初めに「14万4000人」の幻を見せられ、続けて「大群衆」の幻を見せられている。つまり使徒ヨハネは、まず世の終わりに生き残る人々の象徴的な姿を見せられ、次にその解きあかしとして、彼らの実際の姿を見せられたのである。

彼らは患難のただなかで守られる

イスラエル12部族の14万4000人、すなわちキリスト者の「大群衆」は、終末の患難時代の

〝ただなかで〟すべての患難から守られることになる。イエスは彼らについて述べている。

「地上に住む者たちを試みるために、全世界に来ようとしている試練の時には、あなたを守ろう」

（「ヨハネの黙示録」第3章10節）

この「守る」という言葉について、米国の代表的神学者メリル・C・テニーは、「ギリシア語成句『tereo ek（守る）』は、ほかには『ヨハネの福音書』第17章15節にのみ使用されており、肉体を分離させることによる守りではなく、悪の攻撃を免れさせる守りを意味している」と解説している。

すなわち「守る」は、彼らを地上から取り去ることによって守るという意味ではなく、地上の患難のただなかで守るという守りである。かつて、モーセがエジプトに10の災いを下したとき、イスラエル民族はその患難のただなかで守られた。同様に大群衆は、終末の患難のただなかで超自然的に守られることになる。実際〝第5のラッパ〟の際の災いについて、こう記されている。

「彼ら（地に災いを下す者）は、地の草やすべての青草や、すべての木には害を加えないで、ただ、額に神の印を押されていない人間にだけ害を加えるように言い渡された」（「ヨハネの黙示録」第9章4節）

額に神の印を押されている〝14万4000人＝大群衆〟は、災害のただなかで守られるが、キリスト者は皆、神の霊的な印を押されている。

「あなたがたも、キリストにあって、真理のことば、すなわちあなたがたの救いの福音を聞き、またそれを信じたことによって、約束の聖霊をもって証印を押されました」（「エペソ人への手紙」第1章13節）

神の聖霊の印を押されるべき人々の数が満ちたとき、「ヨハネの黙示録」に記されたさまざまな出来事が開始されていく。キリスト者である大群衆は、そのただなかで守られながらも、患難時代中しばらくは地上にいる。彼らは「ヨハネの黙示録」でいう「第7のラッパ」の期間に入ってのちに携挙されることになる。

「第7のラッパ」とは、患難時代の末期（第三期）を意味する。〝14万4000人＝大群衆〟は、患難時代が終わりに近いころになって、地上から携挙されるだろう。

「第七の御使いがラッパを吹き鳴らした。…見よ。小羊（キリスト）が、（天の）シオンの山の上に立っていた。また、小羊と共に一四万四千人の人たちがいて、その額には小羊の名（イエス）と、小羊の父の名（ヤハウェ）とが記してあった。…私は天からの声を聞いた。……彼らは……新しい歌を歌った。しかし、地上から贖われた一四万四千人のほかには、誰もこの歌を学ぶことができな

かった」（「ヨハネの黙示録」第11章15節、第14章1〜3節）

このように彼らは、患難時代の終わりころに「地上から贖われ」、携挙されるのである。

彼らは地上から携挙される

「ヨハネの黙示録」は、携挙されるこの〝14万4000人＝大群衆〟について、さらに次のように説明している。

「彼らは女（大バビロンの意）によって汚されたことのない人々である。彼らは童貞なのである。彼らは小羊が行く所には、どこにでもついて行く。彼らは、神および小羊にささげられる初穂として、人々の中から贖われたのである。彼らの口には偽りがなかった。彼らは傷のない者である」（「ヨハネの黙示録」第14章4〜5節）

彼らが「女によって汚されたことのない」「童貞」だという言葉は、彼らが未婚の男性でいっさいの性的経験がないという意味ではない。「ヨハネの黙示録」は、悪と不品行の都「大バビロン」を、象徴的に「女」と呼んでいるからである（「同」第17章18節）。また『聖書』は一貫して、偶像崇拝を不品行にたとえている。だからこの言葉は、彼らがただ神のみを拝し、ほかのいかなるものをも神とせず、霊的純潔を保つ人々であるという意味である。

彼らのなかには実際には、未婚の者も既婚の者も、男も女も、老いも若きもいるだろう。彼らはまた、神と小羊に捧げられる「初穂として」人々のなかから贖われた（贖うとは、代価を払って救いだすの意味）といわれている。これについて、「ヤコブの手紙」にはこう書かれている。

「父（神）はみこころのままに、真理の言葉をもって私たちをお生みになりました。私たちを、いわば被造物（造られたもの）の初穂にするためなのです」（「ヤコブの手紙」第1章18節）

つまり「初穂」とは「被造物の初穂」という意味である。それは〝14万4000人＝大群衆〟の携挙後にほかに携挙される人がいる、という意味ではない。〝14万4000人＝大群衆〟は、被造物の初穂となるために地上から贖われ、空中に携挙される。それは彼らが以後、天のキリストとともに行動をともにするためである。

彼らの携挙は、世界の至るところで人々の驚きの的となることだろう。キリストは述べている。

「そのとき、畑にふたりいると、ひとりは取られ、ひとりは残されます。ふたりの女が臼《うす》を引いていると、ひとりは取られ、ひとりは残されます」（「マタイの福音書」第24章40〜41節）

ちょうど磁石が砂場で砂鉄を引きあげるように、キリストが地上近くまで出現されるとき、彼と心の波長を合わせるすべての神の民は地上から携挙される。そのとき「ひとりは取られ、ひとりは残される」というようなことが起きる。

これは、携挙されるのは地上の人々の半分、すなわち50パーセントという意味ではない。パーセンテージをいっているのではなく、そのようなこともあるということである。ちょうど2000年前のキリストの昇天のときと同じように、携挙された人々は、天に引きあげられると同時に「雲に包まれ」、地上の人々の視界から「見えなくなる」ことだろう（「使徒の働き」第1章9節）。

ハルマゲドンの最終決戦

患難時代の終わりに、〝ハルマゲドンの戦い〟というものが起きる。それは世界最終の決戦である。しかしハルマゲドンの戦いは〝人間同士の核戦争等による絶滅の戦い〟ではなく、「天が開けて現れたキリスト」対「地上の悪の勢力」との決戦である。

「ハルマゲドン」すなわち「メギドの丘」は、イスラエル北部にある。そこに「獣」（終末の時代の独裁者）と、彼に同調する10か国の同盟国からなる連合軍が集結する。

「こうして彼らは、ヘブル語でハルマゲドンと呼ばれる所に王たちを集めた」（「ヨハネの黙示録」第16章16節）

「私（ヨハネ）は、獣と地上の王たちとその軍勢が集まり、馬に乗った方（キリスト）とその軍勢（一四万四千人＝大群衆）と、戦いを交えるのを見た」（「同」第19章19節）。

ハルマゲドンに悪の勢力が集結するが、キリストは彼らの上に来臨し、彼らを滅ぼされる。〝14万4000人＝大群衆〟はこのとき、キリストのかたわらにつき添っている。

「天にある軍勢は、真っ白な清い麻布を着て、白い馬に乗って彼（キリスト）に従った」（「同」第19章14節）

キリストは、ハルマゲドンの戦いに勝利し、地上の悪の勢力を一掃する。そののちキリストは、地上に降りてきて、全地にその支配権を伸ばされる。携挙されていたキリスト者たちも、キリストとともに地上に降りてくる。

そののちキリストは、全地に支配権を伸ばし、ご自身の「千年王国」を樹立するという。それは義と恵みと幸福の国だ。かつてあったエデンの園の幸福な状況が、1000年にわたって全地球上

【上段】パトモス島のヨハネが幻視した新エルサレム（14世紀のタペストリーより）。
【下段】最終決戦のとき、悪魔の軍団が集結するというメギドの丘（ハルマゲドン）。

で回復する時代である。それは目に見えない霊的な天国ではなく、天国と地上が一体化した至福の世界である。

目に見える現実の世界だ。人々は身体を持ち、平和と義と幸福と愛に満ちた世界を生きる。かつて神が天地を創造したとき、6日にわたる創造の次の1日は、安息の日とされた。それと同様に、これは6000年にわたる人類歴史の次の1000年を、安息の時代とするためである。こうして千年王国によって、旧天旧地における人類の歴史は完結する。

千年王国

患難時代のあと、キリストの再臨に続いて全地に樹立されるというこの「千年王国」について、詳しく見てみよう。それはエデンの園以来、人類が長く経験することのなかった真の楽園である。しかし「真の楽園」とはいったい何なのだろうか。現在の地上に真の楽園はあるのか。

いうまでもなく、永続的に人を幸福にする真の楽園は現在の世には存在しない。『聖書』に出てくる古代イスラエルの王ソロモンは、今日でいえばあのブルネイの王族のように、豪勢な生活をしていた。彼の宮殿には、毎日のように多くの美女と紳士が集い、美食と、踊りと、豪華絢爛《けんらん》たる装飾品とに囲まれていた。ソロモンは、欲しいものは何でも手にいれることができた。宮殿における彼の生活は、だれもが〝楽園〟と思ったことだろう。しかし彼は、その生活に幻滅してこう書いている。

「私は心の中で言った。『さあ、快楽を味わってみるがよい。楽しんでみるがよい』。しかし、これもまた、なんとむなしいことか。……私は、私の目の欲することは何でも拒まず、心のおもむくままに、あらゆる楽しみをした。じつに私の心はどんな労苦をも喜んだ。……しかし、私が手がけた事業と、そのために私が骨折った労苦とを振り返ってみると、なんと、すべてがむなしいことよ。風を追うようなものだ。日の下には、何一つ益になるものはない」（「伝道者の書」第2章1〜11節）。

彼はさらにこう述べた。

「空の空。すべては空」（「同」第1章2節）

インドのゴータマ・ブッダもそうだった。彼はシャカ族の王子として、宮殿で豪勢な生活をしていた。しかし、人間の生老病死という苦の現実にふれ、すべてが虚《むな》しくなり、ついに出家したのである。この地上に、人を永続的に幸福にする真の楽園は存在しない。

現代においてもそうである。人々は高度に発達した文明を持つ現代にあっても、さまざまな精神的葛藤《かっとう》、苦しみや、ストレスをかかえている。鬱《うつ》になる人も多い。しかし、こののち人類の科学や医学、社会機構や経済がさらに進歩していけば、やがて世界に理想郷（ユートピア）が出現するのだろうか。

地上の真の楽園は、人間の努力と汗によって築かれるのか。いや、それは無理といわなければならない。なぜなら、人間には悪の性質があり、それは時代が進んでも決して消え去るものではないからだ。とくに終末の患難時代には、その悪の性質が台頭し、末期症状が世界をおおうことだろう。

また多くの人は豪勢な生活を「楽園」と思いこんでいるが、それは必ずしも真の楽園ではない。豪勢な生活、欲しいものが何でも手に入る生活、好きなものに取り囲まれている生活というものは、その幸福の基盤を欲望に置いている。欲望を満たすことを幸福と考え、外部の所有物に幸福を依存している。

しかし欲望を満たすことによる幸福、外部の所有物による幸福は、一時的であって、刹那《せつな》的である。それは決して永続的な幸福とはなり得ない。ソロモンやゴータマが、宮殿の生活にやがて幻滅を感じるようになったのは、そのためである。では、地上の真の楽園というものを、人間はこののち決して経験することがないのだろうか。

かつて神は、人類の最初の両親アダムとエバに、エデンの園の楽園を経験させたと『聖書』は語る。アダムとエバは、神に従順なうちは、その楽園の祝福を経験できた。同様に、神はご自身に従順な人々のために、未来の地上における真の楽園を用意しているという。その地上の楽園が、来たるべきキリストの「千年王国」である。

「第一の復活」

千年王国とは、キリスト再臨後に樹立されるキリストの王国である。その王国開始の前に「第一の復活」があるという。

「第一の復活にあずかる者は、幸いな者、聖なる者である。この人々に対しては第二の死（地獄の滅び）は、なんの力も持っていない。彼らは神とキリストとの祭司となり、キリストと共に千年の間王となる」（「ヨハネの黙示録」第20章6節）

千年王国が地上の王国、つまり現在の地球上における王国であることは、この句の前後関係から明らかである。その住人は、肉体を離れた霊たちではなく、「第一の復活」によって体に復活した人々、および千年王国以前から地上にいた人々によって成り立っているのだ。

第一の復活は、千年王国開始前に起こる復活である。それにあずかる者たちは、それまで天国にいた人々である。患難時代の終わりごろにキリストの再臨があり、続いて第一の復活があって、そののち地上のキリスト者の携挙がある。

この第一の復活にあずかる人々は、全時代の全キリスト者である。旧約時代の聖徒たちをはじめ、初代教会から終末の時代までの、神を愛する全世界のキリスト者たちが復活して現れる。使徒ヨハネは、それを預言的幻のなかに見て、

「私は多くの座を見た」（「ヨハネの黙示録」第20章4節前半）

と記している。そのときにはまた、患難時代中に死んだキリスト者殉教者たちも復活するだろう（同節後半）。彼らは千年王国において、大王なるキリストのもとで、各地方を治める「王」となる。つまり指導的立場につく。

一方、千年王国後になって〝第二の復活〟があるという。このとき復活する人々は、ハデスにいた人々である。

「死もハデスも、その中にいる死者を出した」（「同」第20章13節）

ハデスは、「よみ」（黄泉、陰府）を表すギリシア語で、一般的な死者の世界である。『聖書』の「よみ」（ハデス）は、日本神道の黄泉にも似た世界である。それは死者の穢れに満ちた、暗い世界だ。それはまた地獄とは異なる世界である。よみは世の終わりの最後の審判のときまでの一時的・中間

的な場所、一方、地獄は最後の審判以後のための場所だ。

神もキリストも信じることなく世を去った人々は、皆この「よみ」＝ハデスに行っている。地獄に行っているわけではない。地獄にはまだだれも入っていない。千年王国後の第二の復活の際に、この「よみ」に行っている人々が神の前に復活し、神の裁き（有罪か無罪かを決定するもの）を受けることになる。

じつは西洋キリスト教では、4世紀以降、この「よみ」と「地獄」が混同されてきた歴史がある。その混同により、人は死ぬと「天国か地獄か」そのふたつのどちらかに行くという、ひどい誤解が生じた。しかし、実際に『聖書』が述べている死後の世界は、天国と、よみと、地獄の3つなのである。

神を信じキリストを救い主として信じた者は死後、天国へ行っており、一方、そうでない人々は「よみ」という一般的死者の世界に留め置かれ、そこでかつての自分の地上の人生を振り返る時間を与えられる。よみでは、ある人々には懲らしめが、ある人々には慰めが与えられる。

そののち世の終わりの「最後の審判」と呼ばれる神の法廷において、よみの人々の最終的な行き先――新天新地の神の国（天国）か、地獄かが決定されることになる。千年王国後の第二の復活は、そのためのものだ。

そのとき、よみに留め置かれていた人々はみな神の前に立つ。すなわち、よみは彼らの最終的な場所ではない。最終的な行き先は、最後の審判の法廷において決定される。第二の復活とは、キリスト者にならずに世を去って「よみ」に行った人々の復活なのである。そのことからも、千年王国前の「第一の復活」は、全キリスト者の復活であることがわかる。

千年王国に入る人々

さて、第一の復活によって千年王国に入った神の民＝キリスト者らは、そこでどのような生活を送るのだろうか。全時代の全キリスト者は、千年王国が始まるときに体を持って復活し、千年王国で〝治める側〟＝指導的立場につくだろう。

では、彼らが千年王国における〝治める側〟なら、〝治められる側〟（指導される側）の人々とはいったいだれなのか。それは千年王国の前の「ハルマゲドンの戦い」に参加せずに生き残った地上の人々である。というのはハルマゲドンの戦いは、「獣」と呼ばれる世界的独裁者の率いる同盟軍と、再臨のキリストとの戦いである。

その戦いは、キリスト側の勝利に終わり、「獣」とその同盟軍は皆死に絶える。しかしこの戦いに、全世界のすべての人間が参加したとは到底考えられない。戦いに参加しなかった女性、子供たちなども大勢いたはずである。また獣に同調せずハルマゲドンに行かなかった人々も大勢いることだろう。そうした人々は、神の恵みによって生き残り、千年王国の国民として生きることになる。キリスト者たちは、彼らを指導しながら、一大家族のようにして生きる。

その日、世界はただひとつの国になる。千年王国は、新天新地が造られる前に、現在の地上において実現する「至福の世界王国」なのである。アメリカのある教派等では、それは荒廃の時代と理解しているものもある。だが荒廃の時代ではない。『聖書』では、キリストまた神による完全な「支配」は、つねに平和と繁栄と幸福を意味しているからだ。

「ベツレヘム・エフラタよ。……イスラエルを治める者（キリスト）が、あなたのうちから、私（神）のために出る。彼は立ってその群れを養い、彼らを安らかにおらせる。いま彼は大いなる者となって、地の果てにまで及ぶ」（「ミカ書」第5章2～4節）

「末の日になって、主の家の山はもろもろの山のかしらとして堅く立てられ…多くの国民は来て言う、『さあ、われわれは主の山に登り、ヤコブの神の家に行こう。彼はその道をわれわれに教え、われわれはその道に歩もう』と。……

彼（主）は多くの民の間をさばき、遠い所まで強い国々のために仲裁される。そこで彼らはつるぎを打ちかえて、すきとし、そのやりを打ちかえて、かまとし、国は国に向かってつるぎをあげず、再び戦いのことを学ばない。彼らは皆そのぶどうの木の下に座し、そのいちじくの木の下にいる（繁栄を意味する常套句）。彼らを恐れさせる者はない」（「同」第4章1～4節）

キリストの完全な地上支配は、平和と繁栄と幸福な時代をもたらすと述べられている。こうして旧天旧地における最後のときに、一定期間そのような至福の時代が持たれなければならないのは、神の経綸においては必然的なのである。

神はかつて天地の初めに、エデンにおいて、しばらくのあいだ楽園を持たれた。その楽園を、天地の最後の時代に回復することなく、過ぎ去らせてしまうことは、神の救いの計画を不完全なものにしてしまうことだろう。だから新天新地の造られる前、この天地の最後の時代に、一定期間、エデンの楽園の状況を世界的規模で回復する必要がある。

イザヤの預言

千年王国については、じつは旧約時代の預言者イザヤも預言している。イザヤの預言のなかには、千年王国に関するものも、またその後の新天新地の新エルサレムに関するものも、両方出てくる。しかしイザヤは、まだ旧約時代の預言者であるため、それらをしばしば二重写しに語っている。

それはちょうど、隔たったふたつの山を遠くから眺めると、ほとんど同じような位置に見えることに似ている。イザヤの預言のなかでは、千年王国と新エルサレムという遠くのふたつの〝山〟が、ほとんど重なって預言されていることがある。

新天新地の新エルサレムのことが語られたかと思うと、続いて千年王国のことが語られたり、千年王国のことが語られたと思うと、続いて新エルサレムのことが語られたりしている。しかし、イザヤの次の預言は、千年王国に関するものと理解されている。

「そこにはもう、数日しか生きない乳飲み子も、寿命の満ちない老人もいない。百歳で死ぬ者は若かったとされ、百歳にならないで死ぬ者は、のろわれた者とされる。彼らは家を建てて住み、ぶどう畑を作って、その実を食べる。彼らが建てて他人が住むことはなく、彼らが植えて他人が食べることはない。

私（神）の民の寿命は、木の寿命に等しく、私の選んだ者は、自分の手で作った物を、存分に用いることができるからだ。彼らは無駄に労することもなく、子を産んで、突然その子が死ぬこともない。彼らは主に祝福された者のすえであり、その子孫たちは彼らと共にいるからだ。

彼らが呼ばないうちに、私は答え、彼らがまだ語っているうちに、私は聞く。狼と小羊は共に草をはみ、獅子は牛のように、わらを食べ、蛇は、ちりをその食べ物とし、私の聖なる山のどこにおいても、そこなわれることなく、滅ぼされることもない」（「イザヤ書」第65章20〜25節）

将来の至福の時代に関して述べたこの部分が、なぜ来たるべき新天新地ではなく、その前の千年王国の時代に関するものといえるのかというと、新天新地には「死がない」（「ヨハネの黙示録」第21章

4節）からである。しかし、右の句でいわれている時代においては、「百歳で死ぬ者は若かったとされ、百歳にならないで死ぬ者は、のろわれた者とされる」と、死は少ないとはいえ、あるとされている。

だからここで語られている時代は、新天新地の前の千年王国時代であることがわかる。千年王国には、ハルマゲドンの戦いに参加せずに生き残った未信者の人々も、国民として生きている。彼らも、神のあわれみにより千年王国で生きることができるが、そのなかで千年王国以前に大きな罪を犯した人は、途中で死ぬことがあるだろう。

とはいえ、彼らは死ぬまでの期間、千年王国の恵みを豊かに体験することができるのである。

千年王国の至福

一方、千年王国で指導的立場につく神の民＝キリスト者たちは、千年王国中に死ぬことはない。いや、彼らはそののち、決して死なないのである。

「私の民の寿命は、木の寿命に等しく……」とあるが、「樹木」というものは、地球上の生命でもっとも長寿である。現在地球上には、樹齢４０００年を越える樹木も多数生きている（アメリカ）。しかし植物学者は、樹木は環境さえ整えば、数万年、あるいはそれ以上生きてもおかしくはないと述べている。神の民の寿命は、千年王国において「木の寿命」に等しくなる。

実際、彼らは数万年どころか、以後永遠に生きることになるだろう。『聖書』は、キリスト再臨時にキリスト者には、キリストと同じような「永遠の命」の体が与えられる、と述べているからだ（「ピリピ人への手紙」第3章21節／「コリント人への第一の手紙」第15章54節）。

今日でも、「老化」と「死」のメカニズムは、科学者にさえよくわかっていない。さまざまな説があるが、どれも決定的なものとはなっていないのだ。とはいえ、環境の質が寿命に大きな影響を与えていることは、多くの科学者が認めている。千年王国では、エデンの園の時代の環境が世界的に回復するため、良好な環境が住人全体の寿命をきわめて長いものにする。また神が、人間の身体の生命を強くするため、寿命というものがない身体に変わる。

さらに千年王国の期間中、サタン（悪の勢力の主体）は獄に閉じこめられているという（「ヨハネの黙示録」第20章3節）。そのためサタンによる誘惑はなく、人々の罪は極度に減少することだろう。『聖書』によれば、人類に死が入ったのは、人類に罪が入った結果である。千年王国には、罪がほとんど存在しないため、ほとんどの人はその期間中に死ぬことがない。また、とくにキリスト者たちは永遠の命の体（栄光の体）に復活しているため、罪を犯すことができない。それで、彼らはそののち決して死を経験することがない。

パラダイス

千年王国の幸福は、平和と繁栄、愛と喜びに満ちたパラダイスのような幸福である。

そこでは、人間の幸福を限定するあらゆるものが取り除かれ、文字通りの「楽園」が出現する。その日、天にあるパラダイスは地上と交わり、地上に真の楽園が出現する。全地は、真の平和に満ちるだろう。

「狼と子羊は共に草をはみ」（「イザヤ書」第65章25節）

「狼は子羊と共に宿り、ひょうは子やぎとともに伏し、子牛、若獅子、肥えた家畜が共にいて、小さい子どもがこれを追っていく」（「同」第11章6節）

動物たちの間にも、真の平和が支配する。それはすべての動物が、草食になるからだ。

「獅子は牛のように、わらを食べ、蛇は、ちりをその食べ物とし、私の聖なる山のどこにおいても、そこなわれることなく、滅ぼされることもない」（「同」第65章25節）

「雌牛と熊とは共に草を食べ、その子らは共に伏し、獅子も牛のようにわらを食う」（「同」第11章7節）

弱肉強食はなくなり、肉食もなくなり、すべての動物は草食になる。動物は皆、仲良く暮らす。また、動物たちは人間に害を与えることなく、本能的に人間を敬うだろう。そこでは人間の子がライオンとともに戯れ、ヘビとともに遊ぶ姿が見られる。

「乳飲み子は、コブラの穴の上で戯れ、乳離れした子は、まむしの子に手を伸べる。私の聖なる山のどこにおいても、これらは害を加えず、そこなわない」（「同」第11章8〜9節）

もちろん、人の間にも真の平和が支配する。

「彼らはその剣を鋤に、その槍をかまに打ち直し、国は国に向かって剣を上げず、二度と戦いのことを習わない」（「同」第2章4節）

だから千年王国には、もはや戦争が存在しない。

ある歴史学者によると、有史以来、世界のどこにもまったく戦争が存在しなかった期間は、約40年程度にすぎなかったという。

しかし千年王国が地上を支配するとき、あらゆる戦争は、全世界から1000年にわたって完全にやむ。

そのとき、あらゆる武器は、平和的な道具に打ち直される。すべての銃器や剣、また核兵器や化学兵器も解体され、人々はそれらの兵器の恐怖から解放されるだろう。今日の世界は、軍事費に毎年莫大なお金をつぎ込んでいる。しかし千年王国では、それらをすべて平和産業のために転換できることになる。

人々はもはや、軍事費のための重苦しい税金に悩むことはない。死体がちまたにころがる恐ろしい光景を見ることもない。子供を殺された母親の嘆き声を聞くこともない。人々は、もはや軍事基地を見ないだろう。

ジェット戦闘機の爆音に悩むことも、徴兵もない。あらゆる戦争はなく、軍人や警察官は、世界からいなくなるのだ。

その日、自然界も、理想的な状態となるだろう。

「荒野と砂漠は楽しみ、荒れ地は喜び、サフランのように花を咲かせる。……荒野に水がわき出し、荒れ地に川が流れるからだ。焼けた地は沢となり、潤いのない地は水のわく所となり、ジャッカルの伏したねぐらは、葦やパピルスの茂みとなる」（「同」第35章1～7節）

自然界は美しく、また豊かに産するようになる。それは人間の理想的な環境となり、人々の楽しみとなるだろう。

生命が充実・躍動する世界

第二に、千年王国の幸福とは、生命の充実または躍動による幸福である。

「そこにはもう、泣き声も叫び声も聞かれない。そこにはもう、数日しか生きない乳飲み子も、寿命の満ちない老人もいない」（「イザヤ書」第65章19～20節）

「子を産んで、突然その子が死ぬこともない。彼らは祝福された者のすえであり、その子孫たちは彼らと共にいるからだ」（「同」第65章23節）

われわれは不慮の事故や、病、老化から解放される。そこでは、子どもが病を持って生まれてくることはない。子どもが突然死んで、母親の悲しみと叫びになることもない。

人々は、老化からも解放される。彼らは何歳になっても、いつまでも若々しく、強靭な体力を保持するだろう。腰の曲がった人、耳の遠くなった人、痴呆の人、ヨボヨボ歩く人を見ることはない。神の民は皆、若々しくなる。「私（神）の民の寿命は木の寿命に等しく」（「同」第65章22節）なるからである。千年王国に、病人や障害者はいない。

「そのとき、盲人の目は開かれ、耳しいた者の耳はあけられる。そのとき、足なえは鹿のようにとびはね、おしの舌は喜び歌う」（「同」第35章5節）

現在、病気や障害を持っている者も、復活して千年王国に現れると、健康体で生きることができる。そこではもはや松葉杖も、盲導犬も、補聴器も必要ない。陰気な病院に閉じこめられることもない。

病院はなく、医者も、看護師も、病人を助けるボランティアも必要なくなるからだ。だれもが生命力あふれる健康体を保持するようになる。人々は、生命の充実と躍動を、豊かに体感することだろう。人々は内側からわきあがってくる豊かな生命力によって、さまざまなわざをすることができる。そして、行動を積み、生活を営むごとに、それはますます幸福を倍加させるものとなる。

「彼らは家を建てて住み、ぶどう畑を作って、その実を食べる。彼らが建てて他人が住むことはなく、彼らが植えて他人が食べることもない」（「同」第65章21〜22節）

そこには物を盗む泥棒も、搾取する圧政者もいない。横領する者も、不正な利益を追求する者もいない。だれもが、自分の労の実を自分で豊かに味わうことができる。

「私の選んだ者は、自分の手で作った者を、存分に用いることができるからだ。彼らはむだに労することもなく」(「同」第65章23節)

そこには、われわれの幸福を限定したり、傷つけたりする者は存在しない。労働や行動は、ますますわれわれの幸福を倍加させるだろう。こうしてわれわれは、生命を萎縮させるすべての悲しみから解放されることになる。

創造目的の回復した世界

第三に千年王国の幸福は、人間の創造目的が回復したことによる幸福である。

人間の創造目的は〝神が人間によって喜びを受け、人間が神によって喜びを受ける〟ことにある。それが千年王国において、豊かに回復する。その日、神は人のわざを喜び、人は神ご自身を喜ぶだろう。人は神の幸福となり、神は人の幸福となる。

「私は……私の民を楽しむ」(「イザヤ書」第65章19節)

「（あなたがたは）私の創造するものを、いついつまでも楽しみ喜べ」（「同」第65章18節）

もはや神と人の間の障壁はなく、神と人は一大家族のようになる。人々は神の子として、自由に、のびのびと生きることができる。

ちょうど親が子どもたちの成長を楽しみにするように、神は人々の自由な生活と、わざを楽しみとされるだろう。

そして人々は、恵みと愛を惜しみなく注がれる神に、感謝と讃美を捧げる。世界は神の家となり、家庭の理想的な姿がそこに見られる。全地は神の家の広大な庭であり、国境線によって区切られていることがない。

人々は神のもとで生命の充実、躍動、輝きを存分に味わうことだろう。それは欲得による刹那的な幸福とは違い、飽きることのない、永遠に持続する幸福だ。幸福の源泉を生命内部に持っているからである。

人々は神の家の庭で、あるときは子どもたちとたわむれ、あるときは労働と創造的わざとに従事することだろう。そこには、いつも明るい会話と歌声が、こだまする。また、神と人とのあいだのコミュニケーションは万全で、つねに愛に満ちたものとなる。

「彼らが呼ばないうちに、私（神）は答え、彼らがまだ語っているうちに、私は聞く」（「同」第65

章24節）

人々はそうしたなかで、欲望を満たすことよりももっと深く、真実で、永遠的な幸福というものを発見する。虚《むな》しさを伴わない幸福、躍動する幸福というものを、人々は実感する。それは、内側からわきあがってくる幸福である。人は神との間に、愛と生命の交わりを豊かになすので、魂の奥底から幸福を感じることができる。

「あなたがたは（慰めの乳房から）乳を飲み、わきに抱かれ、ひざの上でかわいがられる。母に慰められる者のように、わたしはあなたがたを慰める」（「同」第66章13節）

神はあなたを、愛する子として扱われ、慈母のようにご自身の恵みを最大限に注がれるだろう。神は単に父性的なかたではなく、母性的なかたでもある。

「あなたがたはこれを見て、心喜び、あなたがたの骨は若草のように生き返る」（「同」第66章14節）

千年王国ではまた、ただひとつの宗教のみが世界を支配する。

「ヤハウェを知ることが、海をおおう水のように地を満たす」（「同」第11章9節）

あらゆる偽りの宗教、哲学、思想、また邪教・邪説は消え失せ、真の神の教えのみが全地を支配する。全地はただひとつの教えとなり、真の教えのみとなるからだ。

これが、神を愛する者たちに用意されている、未来の楽園である。神を愛し、キリストを信じる者は、その楽園を信じ、期待することができる。今日からでも信じる人は、その資格が得られる。千年王国は、霊の世界ではなく、地上に現実にもたらされる世界なのだ。それは天国が地上化したものである。

また神を信じ愛する者たちは、千年王国だけでなく、そのあとに来る「新天新地」と、その中心＝「新エルサレム」に入ることができる。新天新地は千年王国とは違い、この地球上の世界ではなく、宇宙万物がまったく新しいものに変えられた新世界である。神は現在の天地宇宙を過ぎ去らせ、そこに新天新地を創造し、神の民のための世界とするという。それはまったく新しい秩序と体制をもった、千年王国以上に幸福に満ちた世界だ。

神はこれらの世界を、やがてキリスト再臨ののちに実現される。何と素晴らしい希望だろうか。神を信じるならば、このような希望を持つことができ、この地上のあらゆる試練、苦難、悲しみをも乗り越えることができる。そして来たるべき患難時代も、忍耐をもって乗り越えることができるのである。

サタンの起源と滅亡

さらに終末とは、悪の勢力の主体であるサタン（悪魔）が滅亡し、悪に終止符が打たれるとき時でもある。最後にサタンの起源と、その活動、またその最期について見てみよう。

まずサタンの起源についてである。神は、悪の勢力を生むためにサタンを創造されたのだろうか。

「あなた（神）は、善にして、善を行なわれます」（「詩篇」第119篇68節）

『聖書』はこのように述べているから、そのようなことは考えられない。神は善であり、神に造られた世界は当初、善なるもので満ちていた。そこにやがて、サタンが現れた。つまりサタンは、もともとは善だったものが変質して生じたものである。

じつはサタンは、もともとは天使のひとりであった。天使とは、神の被造物で「仕える霊」である。また「救いの相続者となる人々（神の民）に仕えるために」造られた者たちと記されている。

しかし天使は、自由意志を与えられた者であり、人間と同様に堕落する可能性をも持っていた。

実際、『聖書』は「罪を犯した御使いたち」に関して言及している（「ユダ書」6節）。自由意志を持つ天使たちは、堕落する可能性も持ち合わせていた。サタンとなった者も、もとはといえば天使のひとりで、さらに天使のなかでも有力な長《おさ》のような存在であったに違いない。それは現在、サタンが多くの悪霊を従えていることからもわかる。

サタンとなった天使の堕落は、人間の創造以後、そして人間の堕落以前に起こった。なぜなら人間が創造されたとき、神は造ったすべてのものを見て、「非常に良い」といわれたからである（「創世記」第1章31節）。そのときはまだ、被造物である天使たちのうちだれも堕落していなかった。サタンの堕落は、その後に起こったことになる。

一方サタンは、エデンの園でヘビに宿って人間を誘惑したから、サタンの堕落はそれ以前に起こった。つまり人間の創造以後、そして人間の堕落までの期間内に、サタンの堕落が起こったことになる。

これは、サタンの堕落は人間よりも罪が重い、ということでもある。というのは、人間は誘惑者（サタン）に会って堕落したが、サタンは誘惑者なしに自ら堕落したからだ。人間は罪に捕らわれた者だが、サタンは、罪の創始者となった。

ルシファー

『聖書』にはサタンについて、次の言葉が記されている。

「暁の子（ルシファー）、明けの明星よ。どうしてあなたは天から落ちたのか。国々を打ち破った者よ。どうしてあなたは地に切り倒されたのか。あなたは心の中で言った。『私は天に上ろう。神の星々のはるか上に私の王座を上げ、北の果てにある会合の山にすわろう。蜜雲の頂に上り、いと高き方のようになろう』。しかし、あなたはよみに落とされ、穴の底に落とされる」（「イザヤ書」第14章12～15節）

この聖句は前後関係を見ると、バビロンの王に関していわれたところである。つまり「暁《あかつき》の子（ルシファー）、明けの明星」は、第一義的にはバビロン王を指した言葉だ。ところがそのあとの文章を見ると、これは単にバビロン王のことだけではなく、サタンの堕落時の様相も二重写しに述べられていることが見て取れる。

たとえば、「どうしてあなたは天から落ちたのか」といわれているが、バビロン王はもともと「天」、あるいは「天」で象徴されるような状態にはいなかった。だからこれは単にバビロン王に関する言及ではなく、サタンの堕落のときの様子をも重ね合わせていっているものだということになる。そうなら、サタンは堕落のときにこういったのである。

「私は……星々のはるか上に私の王座を上げ、北の果てにある会合の山にすわろう。蜜雲の頂に上り、いと高き方のようになろう」

つまりサタンは、高慢（傲慢）の罪によって堕落した。彼は自分のおるべきところを捨て、高慢になり「いと高き方」＝神のようになろうとした。

バビロン王は、このサタンに似ていた。しかしこうした高慢は、もともとはサタンが世界に持ちこんだものなのである。

ロシアがネオ・ユーラシア主義によって世界に君臨し、諸国を従えようと近隣諸国を侵略するようになったことも、同様に高慢の罪による。それはサタンが人の心に持ちこんだものだ。このようにサタンは、堕落した天使である。

「しかし『ヨハネの福音書』第8章44節には、『悪魔は初めから人殺しであり、真理に立つ者ではない』と記されている。『初めから』という言葉は、〝堕落する前の状態があった〟という説と矛盾するのではないか」

と問う方もいるだろう。

しかしこの「初め」という言葉は〝すべての出来事の初め〟ともとれる一方、〝人類の歴史の初め〟という意味にもとれる。

人類の歴史は、エデンの園にあったあの「善悪を知る木」に始まった。エバが「善悪を知る木」に近づいたとき、サタンはすでに堕落して悪の代表と化していた。人類の歴史の初めに、サタンは悪の勢力の主体として現れたのである。堕落前の状態があったとはいえ、サタンは人類にとっては、当初から悪しき者だった。

神と争い、敗れて天界から地上へ堕とされるルシファー（ドレ画『失楽園』より）。

堕落前のサタン

と考えられている。

『旧約聖書』「エゼキエル書」の次の聖句にも、サタンの堕落のことが、二重写しに語られている

「神である主は、こう仰せられる。あなたは全き者の典型であった。……あなたは神の園、エデンにいて、あらゆる宝石があなたをおおっていた。……私はあなたを、油注がれた守護者ケルブと共に、神の聖なる山に置いた。あなたは火の石の間を歩いていた。あなたの行ないは、あなたが造られた日から、あなたに不正が見いだされるまでは、完全だった。……あなたは罪を犯した。そこで、私はあなたを汚れたものとして、神の山から追い出し、守護者ケルブが火の石の間からあなたを消えうせさせた」（「エゼキエル書」第28章12〜16節）

この句によると、サタンは堕落前に、エデンの守護天使ケルブとともに、エデンの園にいた。守護天使ケルブとエデンを守る役か、管理する役にあたっていたのだろう。

「私はあなたを……守護者ケルブと共に、神の聖なる山に置いた」という、この「聖なる山」とは、天界にある聖なる山シオンのことである。「ヨハネの黙示録」によると、天界には神の聖なる

山「シオン」がある（「同」第14章1節）。堕落前のサタンは、天界のその聖なる山シオンに置かれ、エデンの園を見守っていた。

現在の世界は、天界と地上界とが分立して存在している。だが、当時のエデンの園は、天界と地上界が一体化していたのだ。「創世記」第2章15節には、

「神である主は、人を取り、エデンの園に置き、そこを耕させ、またそこを守らせた」

と記されている。エデンの園の地上的部分は、アダムによって守られた。しかし天界部分については、堕落前のサタンや、守護天使ケルブが守っていたのである。「ケルブ」はひとりの守護天使を表し、「ケルビム」はその複数形である。「ケルビム」は、アダムとエバのエデン追放の際の記事に出てくる。

「こうして神は人を追放して、いのちの木への道を守るために、エデンの園の東に、ケルビムと、輪を描いて回る剣を置かれた」（「創世記」第3章24節）

エデンの園は、アダムとエバの追放以前においても、その天界部分において複数の守護天使が守っていたことがわかる。新改訳『聖書』（日本聖書刊行会訳）では、先の「エゼキエル書」第28章14

節の言葉は、

「私はあなたを、油注がれた守護者ケルブと共に、神の聖なる山に置いた」

と訳されているが、これは「七〇人訳」（『旧約聖書』の古代ギリシア語訳）を参考に訳したもので、原語のヘブル語では次のようになっている。

「あなたは、油注がれた守護者ケルブ。私はあなたに与えた。あなたは神の山にいて、火の石……」

（新改訳『聖書』の欄外注を参照）。

この言葉からすれば、サタンは守護天使ケルブ（ケルビム）のひとりだったわけである。堕落前のサタンは、天使のひとりで、しかも長のような存在であった。彼はすぐれた知能を持つ者で、多くの権限が与えられていたに違いない。

拝まれることを欲したサタン

しかし彼は、やがて「罪を犯し」た。彼は天使としての身分を越えたことを行ったのである。

というのは『新約聖書』によると、サタンはイエス初臨時に、荒野の試練にあったイエスに対し、

「もしあなたが私を拝むなら」（「ルカの福音書」第4章7節）

と誘惑している。サタンが欲したのは、自分が拝まれること、つまり神のように崇拝されることだった。

サタンは、かつてエデンの園にいたときに、「仕える者」という天使としての身分をわきまえず、自分が拝まれることを望んだのだ。彼は高慢になって、「いと高き方のようになろう」（「イザヤ書」第14章14節）と欲した。そしてほかの天使たちに、「もしあなたが私を拝むなら」と誘惑したわけである。

この誘惑にのって、天使たちの一部はサタンに従った。サタンに従った天使たちは、現在「悪霊たち」と呼ばれる者で、サタンの手下として活動している。福音書に出てくるあの「レギオン」（大勢の意）と呼ばれた男にとりついていた大勢の悪霊たちは、この堕落した天使たちの末路だろう（「マルコの福音書」第5章9節）。

彼ら悪霊たちのかしらがサタンである。サタンは、「悪霊どものかしらベルゼブル」（「マタイの福音書」第12章24節）とも呼ばれる存在で、「ベルゼブル」はサタンの別名だ。イエスは、ベルゼブルと

サタンを同一視された（「マタイの福音書」第12章24、26節）。

ベルゼブルとは、「地に落ちた主」または「地に堕《お》ちた神」の意味である。彼は堕落して悪の首領となった。しかしサタンは、単にほかの天使たちを堕落させただけでは終わらなかった。彼は人間をも、巻き添えにしたのである。それは、神の愛の対象である人間を堕落に巻きこむことによって、神に対する切り札を得ると考え、自身の存在を長らえようと計ったからだ。

サタンは、自分が堕落したすぐあとに、人間を堕落の巻き添えにすることに着手した。彼はヘビの姿をとってエバの前に現れ、

「（神が『食べてはいけない』といわれた『善悪を知る木』から取って食べれば）あなたがたは神のようになり、善悪を知るようになる」（「創世記」第3章5節）

といって誘惑した。サタンは、自分が「神のようになろう」と思うことによって堕落したので、この堕落に人間を巻きこむために、エバに対しても「あなたがたは神のようになる」と誘惑したわけである。

アダムとエバは、このサタンの計略にはまり、堕落した。そしてエデンの園を追放され、以来、人類の苦難の歴史が始まった。人類の歴史に善と悪の両方が展開しはじめた。サタンは、人間を同罪にすることに成功したのである。

神の支配権についての異議

アダムとエバが堕落したとき、彼らを堕落させた悪しきサタンを、すぐさま神が滅ぼすことはできなかった。それは力の問題ではない。「サタンと神のどちらが強いか」というような力の比較の問題でもない。サタンは人間を巻き添えにして堕落させたので、もしサタンを滅ぼすなら、同罪の人間をも絶ち滅ぼさなければならなかった。

もしサタンだけを滅ぼして、人間を滅ぼさないなら、公正であるはずの神はそしりを受けなければならない。また神は、人間を愛しておられたので、人間を滅ぼすことを望まれなかった。神は、いずれサタンを滅ぼすにしても、人間は救いたいと願われたのである。

サタンは誘惑者なしに自ら堕落したが、人間は誘惑者にあって堕落したから、サタンはいずれ滅ぼされるべきだとしても、人間は憐《あわ》れみを受ける余地があった。また神は、人間を「神のかたち」に造り、ご自身の子どもたちとなるべく造ったのだから、人間の滅亡は神が望まないことだった。だから神は人間を救うために、ある計画を立てられた。

それは、サタンの存在をしばらく許容し、そのあいだに人間の救いを達成しようというものである。そして人間の救いが完成したとき、サタンを葬ると心に決められたのである。さらに、神はサタン許容の期間内に、ある事柄を明らかにしようとされた。

それは、サタンの提出した異議に関係している。これについて見るために、サタンがエデンの園でアダムとエバを誘惑したときの言葉を、もう一度思い起こしてみよう。それは、「あなたがたは（禁断の実を食べても）決して死にません」であり、もしその実を食べれば「あなたがたは神のようになる」だった（「創世記」第3章4〜5節）。

つまり、まずサタンは「それを食べると必ず死ぬ」と神がいわれた木の実を食べても「決して死にません」ということによって、神を「嘘つき」としたのである。サタンは、神の命令や助言、導きなどは、不用のものとした。

いい換えれば、人間は神の命令や導きに従わなくても生きることができると、異議申し立てをしたのである。次にサタンは、この木の実を食べるなら、「あなたがたは神のようになる」と誘惑した。この「神のようになる」とはほかに依存しない、主権者として振る舞う者になるという意味である。

それは次のことからわかる。神は、エジプトの王パロの圧政下からイスラエル民族を救出するために、モーセを立てたが、そのときモーセにいわれている。

「見よ。私はあなたを、パロに対して神のごときものとする」（「出エジプト記」第7章1節）

この「神のごときもの」とは、ほかに支配されず、自らの意志を貫く主権者を意味している。

アダムとエバを騙《だま》し、知恵の実を食べさせるヘビ。

すなわちサタンは、「あなたがたは神のようになれる」ということによって、次のようなことをいおうとしたのだ。

「あなたがたは、神（God）の支配なしでも幸福になれます。私のいうようにすれば、あなたがたは神の支配など受けずに、独立して、自分が神（a god）のようになれるのです。そうすればあなたがたは、自分の好きなことをすることができ、賢い、力ある主権者として、振る舞うことができます。ですから、そのようにしなさい！」

何という巧妙な誘惑だろうか。サタンはこうして、まことの神の支配や導きを拒んで独立するよう誘惑した。サタンは、神中心でなく自己中心な生き方こそ、幸福の道だとした。神中心に生きる必要はない。神の支配や導きのもとにいる必要はない。自分で、自分たちの社会を築きなさい。人間自身が神になってこそ、幸福になれるのだというかのように。

このようにサタンは、人間の命や幸福が神の支配や導きに依存していることについて、異議を唱えたわけである。サタンがエデンの園で発した誘惑の言葉は、神の支配や導きの妥当性に関する、異議申し立てでもあった。

神はこの異議に対し、全被造物の前に疑問の余地なく明らかにすることを望まれた。すなわち、人間が命を保ち、真に幸福になるためには神の支配や導きが絶対的に必要であることを、天地を証人に、その前に実証することを望まれた。

もちろん、このためにある程度の時間がかかることを、神はご存じだった。たとえば人間の世界でさえ、裁判でひとりの人物に関することが決着するために、数十年の歳月を要することがある。ましてや、神の支配権に関するこの重要な問題が、疑問の余地なく決着するために、ある程度の長い時間が必要であることは明らかだった。

しかし、この問題が全被造物の前で、明らかな形で決着を見れば、それは結局人間の幸福と繁栄を確立するものとなることを、神は知っておられたのである。

「女の子孫」と呼ばれる人々

神はこのとき、「女の子孫」（「創世記」第3章15節／「ヨハネの黙示録」第12章17節）と象徴的に呼ばれる人々のことを、念頭に置いておられた。これは、キリストを頭《かしら》とする神の民＝キリスト者たちのことである。

神は、彼らがつねに神の御言葉を大切にし、神を真実とし、神の支配と導きに従うこと、そしてついには永遠の命と真の幸福に至ることを、ご存じだった。彼らはサタンに屈せず、苦難に負けず、神を愛して栄光に至る。彼らは患難時代をも乗り越え、至福に入ることができる。

神は、サタンを許容している間に、この神の民を創始し育成することを計画された。そして、神の民が完成したとき、サタンを滅ぼすと決意されたのである。神はまた「キリストを頭とする神の民」に、サタンを滅ぼすこの仕事をゆだねられた。それは、神の民自身がサタンを滅ぼすことによって、サタンの提出した異議に最終的な決着をはかることができるからだ。
すなわち、命と幸福は神にあることを、神の民自身が天地の前に実証することになる。そして神の民自身が悪の勢力を排除したとき、神は彼らの間に、真の平和と繁栄と幸福を確立することができる。このことは人間の堕落後、神がエデンの園でヘビにいわれた次の言葉からわかる。

「私は、おまえと女の間に、また、おまえの子孫と女の子孫との間に、敵意を置く。彼（女の子孫）は、おまえの頭を踏み砕き、おまえは彼のかかとにかみつく」（「創世記」第3章15節）

これは「原始福音」と呼ばれる聖句で、『聖書』の一番最初に登場するキリスト預言といわれている。この句には、単なる「ヘビと女」の関係だけでなく、キリスト預言の言葉が二重写しに語られているからだ。まず、この句の「おまえ」すなわち「ヘビ」は、サタンを意味している。これは、

「この巨大な竜、すなわち悪魔とかサタンとか呼ばれて、全世界を惑わす、あの古い蛇は」（「ヨハネの黙示録」第12章9節）

といわれていることからも明らかだ。一方「彼」は、「女の子孫」のことであるが、キリストを

意味している。あるいはキリストを頭とするキリスト者たちのことである。それは「ヨハネの黙示録」の次の言葉からわかる。

「女は男の子（キリスト）を生んだ。この子は、鉄の杖をもって、すべての国々の民を牧するはずである。……竜（サタン）は女に対して激しく怒り、女の子孫の残りの者、すなわち神の戒めを守り、イエスのあかしを保っている者たちと戦おうとして出て行った」（「同」第12章5、17節）

つまり「彼」「女の子孫」は、キリスト、およびキリストを頭とするキリスト者たちである。そして原始福音は、「おまえ（ヘビ）は彼のかかとにかみつく」と述べている。これはサタンによるキリストの受難を意味している。十字架上の受難である。しかし一方では、「彼はおまえの頭を踏み砕き」ともいわれている。「頭を踏み砕く」ことは致命傷だ。これはキリストがサタンに致命傷を与えることを意味している。すなわち、キリストは全人類のために実行した「十字架の死」によって、罪と死の力を持つ者＝サタンに致命傷をお与えになったのだ。

たとえば、調理師がウナギを料理するとき、ウナギの頭をキリでまな板に刺す。ウナギはしばらくはジタバタしているが、やがて静かになる。「あの古いヘビ」であるサタンも、キリストの十字架によって、頭に致命傷を負った。しばらくはまだジタバタしているが、やがて完全にサタンが死に絶えるときが来る。

こうして神は、サタンを滅ぼす仕事を、神の民の代表であるキリストにゆだねられたわけである。キリストは神の民を率いて、最終的にサタンを完全に絶ち滅ぼすだろう。使徒パウロは述べている。

「平和の神は、サタンをすみやかに、あなたがたの足の下に踏み砕くであろう」（「ローマ人への手紙」第16章20節）

また「ヨハネの黙示録」には、

「私は、開かれた天を見た」（「ヨハネの黙示録」第19章11節）

とあり、天が開けてキリストがその姿を現し、再臨される光景が描写されている。

「（彼は）義をもって裁きをし、戦いをされる。……天にある軍勢は彼につき従った」（「同」第19章11、14節）

神の民であるキリスト者たちは、大将である再臨のキリストに「つき従い」、サタンと悪の勢力を滅ぼすためにハルマゲドンに出陣するという。このように神は、サタンを滅ぼす仕事を、キリストを頭とする神の民におゆだねになった。

神の民自身が悪の勢力を滅ぼすことによって、神は、彼らのあいだに真の平和と繁栄と幸福を永遠に確立する基盤を得ることができる。神は喜んで彼らに永遠の命を与え、ご自身の幸福を分かち与えるだろう。

神は、サタンの存在を一定の期間許容されたが、長い目で見れば、こうして天上天下最大の問題に決着がつくことになる。またそれは、最終的に人間の平和と幸福と繁栄を確立するものとなることを、神は知っておられたのである。

サタンを滅ぼす仕事

そのために神はいま、ご自身の民の育成に努めておられる。そして神の民の数が満ち、完成したとき、神はキリストを再臨させ、彼によってサタンを滅ぼされるだろう。それまでのあいだ、サタンは最後の抵抗を見せるに違いない。

『聖書』の預言によれば、世の終末が近くなるに従い、サタンの活動はさらに活発になり、悪は最高潮に達するはずだ。サタンは『聖書』で、「空中の権を持つ君」また「今も不従順の子らの中に働いている霊」と呼ばれている（「エペソ人への手紙」第2章2節）。サタンは霊界において、人々に対し不断の働きかけをなしているのである。

　ある人々は、このサタンの活動している霊界は、「第二の天」と呼ばれるところであると考えている。『聖書』の原語で「天」という言葉は複数形である。そこで第一の天は鳥の飛ぶところ（「創世記」第1章20節）、第二の天は宇宙空間（「同」第1章14節）およびサタンの活動している「空中」（「エペソ人への手紙」第2章2節）、そして第三の天は神の住んでおられる天界（「コリント人への第二の手紙」第12章4節）と考えられている。

　ユダヤ思想では天界は第一～第七の天まで、7つの階層があると考えられている。だから第三から第七の天までが、神や天使たちの住むいわゆる天界と考えていいだろう。サタンは第二の天で活動し、人々の心に働きかけている。その活動は、世の終末が間近になった時代に最後のピークを迎えることになる。サタンは自分の終わりの近いことを知って、最後の力をふりしぼってくるからだ。

「さて、天に戦いが起こって、（天使長）ミカエルと彼の使いたちは、竜（サタン）と戦った。それで竜とその使いたちは応戦したが、勝つことができず、天にはもはや彼らのいる場所がなくなった。こうしてこの巨大な竜、すなわち悪魔とかサタンとか呼ばれて、全世界を惑わすあの古い蛇は、投げ落とされた。彼は地上に投げ落とされ、彼の使いどもも彼とともに投げ落とされた。

　そのとき私（ヨハネ）は、天で大きな声が、こう言うのを聞いた。

『今や、私たちの神の救いと力と国と、また神のキリストの権威が現われた。私たちの兄弟の告発者、日夜彼らを私たちの神の御前で訴えている者が投げ落とされたからである。兄弟たち（神の民）は、小羊（キリスト）の血と、自分たちのあかしのことばのゆえに、彼に打ち勝った。彼らは死に至るまで、命を惜しまなかった。

それゆえ天とその中に住む者たち。喜びなさい。しかし地と海とには、わざわいが来る。悪魔が自分の時の短いことを知り、激しく怒って、そこに下ってきたからである』」（「ヨハネの黙示録」第12章7～12節）

終末が間近になったとき、サタンは第二の天にもいることもできなくなり、地上に下ってくる。そのとき、サタンが乗り移って悪の権化と化した独裁的人物が、地上に出現する。それは「ヨハネの黙示録」で象徴的に「獣」と呼ばれる者であり、あらゆる悪の限りを尽くすだろう。

この「獣」はサタンの野望を体現する者である。彼は「自分こそ神であると宣言し」、人々に自分を礼拝するよう強要する。サタンの野望は、あの堕落のときから変わらず、自分を神とすることなのだ。

かつてエデンの園で、人はサタンの惑わしにのり、罪を犯した。エデンでは、サタンはヘビの姿で現れた。しかし終末においてサタンは、「獣」と象徴的に呼ばれる獣的人物の姿となって、人々の前に現れる。そして多くの人々を惑わすだろう。

しかしそれは神の民にとっては、かつてのアダムとエバの失敗を取り戻し、サタンの提出した異議に決着をつける機会となる。すなわち神の民が、サタンの惑わしを拒み、試練のなかでも神とその教えを捨てず、神を愛し人を愛して生きることにより、彼らはかつてのアダムとエバの失敗を取り戻すことになる。

さらに、サタンの提出した異議――神の命令に背いても命と幸福を保っていける、という思いを排除し、命と幸福は神に従うことにあることを、全被造物の前に実証することになるのである。

サタンの最期

『聖書』では、この「獣」の主要な活動期間は患難時代第三期の「四二か月」、すなわち「3年半」だと予告されている（「ヨハネの黙示録」第13章5節）。かつてイエスが初臨の際に3年半の公生涯を送られたのに対抗し、この反（偽）キリストは、終末の時代に3年半にわたって世界を荒らすだろう。それは決して長い期間ではないが、悪の勢力と神の勢力の対決期となる。

その3年半の後、キリストは再臨し、ハルマゲドンの地で獣とその軍勢とを打ち破り、彼らを滅ぼされる。さらに千年王国ののち、サタンを最終的に滅ぼされる。

「彼らを惑わした悪魔は、火と硫黄との池に投げ込まれた。そこは、獣も、にせ預言者もいる所で、彼らは永遠に昼も夜も苦しみを受ける」（「ヨハネの黙示録」第20章10節）

これがサタンの最終的な姿である。サタンは「火と硫黄との池」すなわち「地獄」（ゲヘナ）に投げこまれる。すると、もはやそこから出てくることはない。彼は「永遠に」そこで苦しみを受ける。それは彼が滅ぼしたすべての魂の苦しみが、彼の上にのしかかるからだ。こうしてサタンは、最後に地獄の底に沈み、人々の前から永久に姿を消す。

サタンは現在、「この世の神」（「コリント人への第二の手紙」第4章4節）とも呼ばれている。彼は霊界において世の人々を惑わして支配し、また人間たちを〝小さな神々〟にしてきた。真の神に背く、自己中心な人々を育ててきたのである。しかしその日、サタンは滅び、全地は真の神と、真の神を愛する民だけになる。そして真の神が、完全な支配の御手を全地にのばされる。預言者ゼカリヤは、その日について預言している。

「主は地のすべての王となられる。その日には、主はただひとり、御名もただ一つとなる」（「ゼカリヤ書」第14章9節）

この神に対し、神の民は、自分たちの永遠の命と幸福が神にあることを表明するだろう。神はそれに応え、彼らをご自身の永遠の命と、偉大な幸福にあずからせて下さる。こうして人類は、定められた期間、苦難にあうが、やがて真の平和と幸福と繁栄を、神にあって永遠に確立するのである。

これが『聖書』が述べていることである。『聖書』が述べる「終末」と、「世界の建て直し」「新天新地（神の国）創造」に至る歴史である。終末とはこのように、人類最大の問題に決着がつけられるときなのである。

あとがき

本書は、ロシアによるウクライナ侵略の暴挙を見、今こそ世の人々に『聖書』の終末預言を知ってもらいたいと書き記したものである。

『聖書』は決して、単なる「神話」でも、「おとぎ話」でもない。それはわれわれが行く末を知り、この地上で間違いのない人生を送るために、神から与えられた書物である。

世界でもっとも古いこの書物は、じつは永遠の書物であり、現代にこそ必要な書物なのである。

『聖書』は単に終末のことだけでなく、古代帝国の興亡、諸民族の動向、ユダヤ民族の回復、またキリストの降誕・生涯・十字架の死・復活・昇天・再臨など、多くのことを預言している。そしてそれらすべてが、その通りに成就した。

これほど多くの預言を語りながら、そのすべてが成就してきた書物は他にはない。『聖書』に書かれた「終末」に関する預言も、やがてその通りに成就することだろう。『聖書』の預言は、われわれを恐れさせるためではなく、今を生きるわれわれが未来の事実を知り、正しい道を進むよう諭している。

だから、信じない者は大きな損をすることになると筆者は思っている。『聖書』の言葉を人生の光とし、道しるべとするなら、われわれはいかなる試練の時代をも乗り越えていくことができる。さらに患難の時代をも乗り越えていける。そこに待っているのは、『聖書』が語る「永遠の命」である。

久保有政

【著者】

久保有政（くぼ・ありまさ）

聖書預言研究家、ユダヤ文化研究家、サイエンス・ライターとして、聖書解説誌「月刊レムナント」（レムナント出版）の主筆をつとめるほか、数多くの執筆活動・講演活動を行い、わかりやすく鋭い解説で多くの読者を持つ。

著書に『終末の時代に起こること』『創造論の世界』『オーパーツと天地創造の科学』『日本の中のユダヤ文化』『神道の中のユダヤ文化』『仏教の中のユダヤ文化』『聖書にみる死後の世界』『日本とユダヤ　聖徳太子の謎』、訳書に『日本・ユダヤ封印の古代史』『日本書紀と日本語のユダヤ起源』など数多い。

創造論、比較宗教、死後の世界等に関する本は、アメリカ、韓国、台湾、中国等でも翻訳され、好評を博している。テレビ東京系列の番組「新説!?　日本ミステリー」等にも出演、またYouTube等でも聖書解説者としても活躍している。埼玉県在住。eメール：i@remnant-p.com

ムー・スーパーミステリー・ブックス
ゴグとマゴグ　ロシアの黙示録大預言

2023年8月4日　第1刷発行

著　者　久保有政
発行人　松井謙介
編集人　長崎有
編集長　三上丈晴
発行所　株式会社　ワン・パブリッシング
〒110-0005　東京都台東区上野3-24-6
印刷所　中央精版印刷 株式会社
製本所　中央精版印刷 株式会社

●この本に関する各種お問い合わせ先
本の内容については、下記サイトのお問い合わせフォームよりお願いします。
https://one-publishing.co.jp/contact/
在庫・注文については書店専用受注センター　Tel 0570-000346
不良品（落丁、乱丁）については　Tel 0570-092555
業務センター　〒354-0045 埼玉県入間郡三芳町上富279-1